"十四五"职业教育国家规划教材

"十三五"职业教育国家规划教材

职业教育烹饪专业教材

火锅店运营与管理

第2版

主　编　刘华伦　宋纯夫
副主编　蔡顺林　冯　龙
参　编　李晓菊　朱　麟　杨远骏　蒲星敏

重庆大学出版社

图书在版编目(CIP)数据

火锅店运营与管理/刘华伦,宋纯夫主编.--2版
.--重庆:重庆大学出版社,2022.1
职业教育烹饪专业教材
ISBN 978-7-5689-1785-8

Ⅰ.①火… Ⅱ.①刘…②宋… Ⅲ.①餐馆—商业经
营—中等专业学校—教材 Ⅳ.①F719.3

中国版本图书馆 CIP 数据核字(2022)第027898号

职业教育烹饪专业教材

火锅店运营与管理
(第2版)

主 编 刘华伦 宋纯夫
副主编 蔡顺林 冯 龙
参 编 李晓菊 朱 麟
杨远骏 蒲星敏
策划编辑:龙沛瑶

责任编辑:龙沛瑶 版式设计:龙沛瑶
责任校对:刘志刚 责任印制:张 策

*

重庆大学出版社出版发行
出版人:饶帮华
社址:重庆市沙坪坝区大学城西路21号
邮编:401331
电话:(023)88617190 88617185(中小学)
传真:(023)88617186 88617166
网址:http://www.cqup.com.cn
邮箱:fxk@cqup.com.cn(营销中心)
全国新华书店经销
重庆升光电力印务有限公司印刷

*

开本:787mm×1092mm 1/16 印张:5.5 字数:126 千
2019 年 11 月第 1 版 2022 年 1 月第 2 版 2022 年 1 月第 2 次印刷
印数:3 001—4 000
ISBN 978-7-5689-1785-8 定价:35.00元

项目 7 中央厨房运营管理

项目 8 火锅店厨房安全管理

项目 9 火锅店加盟方案

项目 10 火锅成本构成与定价策略

附 录

参考文献

目 录

第1版前言

《火锅店运营与管理》是重庆火锅培训教材之一。本书根据重庆火锅专业教学计划和教学大纲要求编写,是火锅专业系列教材的组成部分。

火锅店运营与管理是火锅专业一门重要的基础课程。它包括火锅店选址、火锅店主题文化设计、火锅店前厅管理、火锅店厨房规划与布局、火锅原材料管理、厨房设备使用与维护、中央厨房运营管理、火锅店厨房安全管理、火锅店加盟方案、火锅成本构成与定价策略10个项目,20个任务,3个附录。本书以项目的形式来编写,每个项目都是一个独立的内容,便于讲授。每个项目又以"教学目标—任务—思考题"的形式来呈现。本书以火锅企业在生产经营管理中的任务运行流程、基本管理方法和理论知识为重点,兼顾实践操作技能;以培养能够胜任火锅企业生产经营管理工作的专门人才为目标。本书根据不同层次学生的认知特点,对教材内容的深度、难度做了较大程度的调整。在理论上以够用为度,并与行业资格考试的深度和岗位的实际要求接轨。在编写过程中,尽可能使用图表将各个知识点生动地展示出来,力求给学生营造一个更加直观的认知环境。

本书由刘华伦、宋纯夫担任主编,蔡顺林、冯龙担任副主编,李晓菊、朱麟、杨远骏、蒲星敏担任参编。

本书主要供从事火锅经营的管理人员使用。因时间仓促、水平有限,书中难免有错误或疏漏之处,请广大读者和有关专家、教师批评指正。

编　者

2019 年 5 月

第 2 版前言

《火锅店运营与管理》是重庆火锅培训教材之一。本书根据重庆火锅专业教学计划和教学大纲要求编写,是火锅专业系列教材的组成部分。

火锅店运营与管理是火锅专业一门重要的基础课程。它包括火锅店选址、火锅店主题文化设计、火锅店前厅管理、火锅店厨房规划与布局、火锅原材料管理、厨房设备使用与维护、中央厨房运营管理、火锅店厨房安全管理、火锅店加盟方案、火锅成本构成与定价策略 10 个项目,20 个任务,3 个附录。本书以项目的形式来编写,每个项目都是一个独立的内容,便于讲授。每个项目又以"教学目标—任务—思考题"的形式来呈现。本书以火锅企业在生产经营管理中的任务运行流程、基本管理方法和理论知识为重点,兼顾实践操作技能;以培养能够胜任火锅企业生产经营管理工作的专门人才为目标。本书根据不同层次学生的认知特点,对教材内容的深度难度做了较大程度的调整。在理论上以够用为度,并与行业资格考试的深度和岗位的实际要求接轨。在编写过程中,尽可能使用图表将各个知识点生动地展示出来,力求给学生营造一个更加直观的认知环境。

《火锅店运营与管理》第 1 版在出版发行后,受到烹饪院校师生和烹饪工作者的广泛好评,他们给予我们很大的肯定和支持,在此对重庆大学出版社周到的专业出版服务和广大读者对本书的喜爱表示衷心的感谢!

随着国家职业教育改革发展的不断深入,专业教学改革的步伐也日趋加快,新知识、新理念、新食材、新工艺也不断涌现,为给广大职业院校师生和烹饪爱好者提供与时俱进、最前沿的教材,我们决定修订《火锅店运营与管理》。

本次第 2 版修订,根据党的二十大精神,在推进中国式现代化进程,实现高质量发展的大背景下,对本书内容进行整体统筹,再一次进行认真修订。重点对本书的项目 1 项目 2 和项目 8 进行了内容修改及字句上的更正。通过以上内容的修订,增强职业教育的适应性,更能满足国家对职业教育改革的要求、提高技能训练的质量,更加适应现代餐饮业的发展需求。

本书在修订过程中,得到了重庆大学出版社有关领导、编辑的大力支持,同时还参考了同类专业书籍以及相关专家、教授的著作,在此一并表示衷心的感谢!

编 者

項目 **1**

火锅店选址

任务1　店铺选址概述

1.1.1　店铺选址的概念

　　店铺选址是指在租建商铺之前对店铺的地址进行论证和决策的过程。首先是店铺设置的区域以及区域的环境和应达到的基本要求；其次是店铺具体设在哪个地点、哪个方位。

　　选择场地存在两种情况：一是选优决策，即存在多个备选场地，场地选择的任务是确定哪一个场地更好；二是是非决策，即只存在一个备选场地，场地选择的任务就是决定选择还是放弃这个场地。

因为存在比较的对象，第一种情况比较简单，第二种情况相对复杂，却是所有企业经营场地选择必须面对的挑战。有一种办法可以让第二种情况变得相对简单，即将竞争对手已经开始经营的场地看成备选场地之一，然后用即将选择的场地与竞争对手的场地进行综合比较，如果综合条件不次于竞争对手的场地，则该场地具有较大的成功可能性。因为各个城市的场地存在非常大的差异，所以竞争场地比较法是场地选择最重要的方法。

1.1.2 店铺选址的意义

第一，店铺选址是一项长期性投资。相对于其他因素来说，它具有长期性和固定性的特点。当外部环境发生变化时，其他经营因素都将随之进行相应调整，以适应外部环境的变化，而店址一经确定就难以变动，因此店址选择得好，企业可以长期受益。

第二，店铺选址是影响企业经济效益的重要因素。古人就非常重视"天时""地利""人和"。对店铺来说，占有地利的优势可以吸引顾客。实践证明，店铺所处地理位置不同，即使在商品质量、服务水平方面基本相同，也可能导致经济效益的不同。

第三，店铺选址是制订经营目标和经营战略的重要依据。企业在制订经营目标和经营战略时，需要考虑很多因素，包括对店铺进行研究，从而为企业制订经营目标提供依据，并在此基础上按照顾客构成及需求特点，确定促销策略。

任务2 店铺选址依据

1.2.1 场地选择标准

在确定目标的前提下，为确定场地的地域、地段、地点，火锅店对场地的判断选择应综合8个方面的因素，分别为区域市场条件、竞争条件、客源条件、经营场地条件、配套条件、识别性条件、成本费用条件和发展性条件等。

1）区域市场条件

某一区域的成熟度、消费能力是满足火锅店总体定位必须具备的条件。

（1）区域属性

区域属性分为商业区、办公区、住宅区3类。首选住宅区与其他两个区域的接合部；其次为商业区；纯粹的办公区不宜作为火锅店的开设区域。

（2）人口结构

①在不尚麻辣的城市，首选外地人口集中的区域，不宜将火锅店场地选择在本地人口集

中的区域。

②人口平均年龄小的区域优于人口平均年龄大的区域，最好主力人口平均年龄集中在20 ~ 40岁。

（3）自然环境

区域环境良好，无汽车站、火车站、大型批发市场、大型农贸市场等。

（4）投资环境

区域所在地政府容易沟通协调，政府在税收等方面有优惠政策。

（5）商业活跃度

该区域的商业氛围是否浓厚，主要根据该区域的商业零售店铺数量进行判断。

（6）餐饮活跃度

该区域是否存在一定的餐饮娱乐项目，若餐饮娱乐项目较少应谨慎。

2）竞争条件

竞争条件是指场地周边目前及未来存在的竞争对火锅店经营可能带来风险的综合评估，以及场地本身与竞争对手的场地相比存在哪些优缺点。

①将已开的火锅店作为重点考察对象，其主要目的是分析对方的产品、价格、经营策略，同时，将竞争品牌与火锅店进行综合比较，判断优势和劣势。一般来说，在场地周边的火锅店数量多，且人均消费很低，存在较大的竞争风险。如果场地周边没有火锅店，则应分析其不存在的原因。应特别注意的是，如果此前有火锅店，则应彻底分析其没有营业的原因。

②所选地有少量川渝菜馆，则对场地选择是一个有利信号。应注意的是，考察人均消费水平，正餐的人均消费比火锅店的定位低，则存在非常大的后期经营风险。如果场地周边川渝菜馆数量众多，但是火锅店数量较少，则该场地可能位于商务区，火锅店不宜进入。

③竞争条件分析的另一个重要任务是比较竞争对手场地与拟选场地，比较的依据是火锅店场地选择的8个条件。如果拟选场地与竞争场地相比劣势明显，就算符合火锅店场地选择的基本条件，也应予以放弃。

3）客源条件

客源条件是火锅店场地选择最重要的因素。客源条件主要是弄清火锅店的未来客源有哪些、在哪里、如何引进来等关键问题。客源条件要从以下几个方面来调查：

（1）客源分层

将客源分为1公里层客户圈、3公里层客户圈、5公里层客户圈，分别统计各层人口的数量。

（2）消费周期

通过调查判断顾客消费火锅的周期（次／天）。

（3）消费比例

通过调查判断在各客源层中愿意到拟选场地消费火锅的人口比例。

（4）市场份额

火锅店未来在各层客源中所占的市场份额预测。

计算场地面积对应的餐位数，得出投资回报需要的上座率，根据上述两项数据计算出达成投资回报需要的每天客流总数。

4）经营场地条件

经营场地条件是火锅店场地选择的基本条件，主要判断场地的各项软硬件条件是否满足火锅店经营的需要。主体结构以长方形或正方形为佳，为框架结构。楼层以一、二层搭配且二层为主力区为佳；其中，一层必须有单独通道或门厅，且门厅面积以 50～100 平方米为佳；一楼不宜无独立通道或独立通道面积狭小；净空（梁到板）不能低于 3.5 米；柱间距以 7 米以上为佳；进深不能小于 15 米，开间不能小于 30 米；至少两面通透采光，且采光面最好为落地玻璃；往来的行人、车辆均可清晰地看见场地广告，正前方以及左右方无明显视觉遮挡；考虑场地综合布局，大致规划厨房、厕所、大厅、包间，思考上述布局的合理性；公摊比率须小于 30%；考虑员工通道及消防通道是否可以进行设置，且设置位置是否合理；排烟不应对周围居民造成影响，高层建筑需设置独立排烟管道和排烟风机；需设置隔油池；室外有安放中央空调室外机组或分体空调室外机的空间，室外同时应有安装新风风机的空间。上述外部设备的噪声在环保部门的要求范围之内，如夜间不能高于 70 分贝。

5）配套条件

火锅店经营必须具备各项配套，包括同业配套、异业配套、交通配套等。

①同业配套。考虑场地周边餐饮项目是否与火锅店具有相似定位，以及互补市场的配合性。

②异业配套。考虑场地周边娱乐休闲项目的数量、规模、生意好坏、存活时间，异业生意的好坏对火锅店具有很强的参照性。

③交通配套。最好拥有两条不同的道路到达场地，且车辆进出、调头方便。场地应位于主力客户来向的右面，场地步行 5 分钟内拥有往来公交车站 2 个。

④停车配套。拥有自有地面停车位，停车位最好位于场地正前方或侧面等容易被路人识别的地方。原则上每 100 平方米拥有的独立停车位不少于 5 个。

⑤广告配套。至少拥有一个独立广告位，且广告位非常明显，不被遮挡。

⑥电力配套。设有动力电源和独立电力供应，且不低于 10 千瓦 /100 平方米。在自装中央空调的情况下，电力供应不低于 20 千瓦 /100 平方米。如自装分体空调，电力供应可适当降低。在使用电力作为燃烧动力的情况下，每个台位增加 0.5 千瓦。

⑦水资源配套。应配有独立水表，以及直径 40 毫米以上的水管。

⑧燃气配套。天然气入户应具有独立气表，成本比使用电力降低 30%。

⑨消防配套。完整的消防配套包括普消、喷淋系统、烟感系统、联动系统、应急照明系统。选择场地时，场地应基本具备普消和喷淋系统。

6）识别性条件

场地是否容易被目标顾客识别并记忆是选址的基本要求。该项条件主要考虑后期进行广告宣传时，广告上标注的地点是否为大众所熟悉并且容易找到。

7）成本费用条件

考察场地的综合成本费用是否满足上述条件，未来的传播成本以及顾客消费成本。具体应注意以下几项：

①房租费用。

②物业管理费。

③停车费。

④员工宿舍租赁费。

⑤能源费用、交通运输、异地配送成本、宣传成本以及向目标客源传递开业、促销等各种经营信息所需付出的各项成本。该项条件主要考虑客源的集中度。若客源集中度高，则传播成本低；若客源分散，则传播成本高。消费成本是顾客从其家里或上班地点到达场地需要付出的各项成本，包括经济成本、时间成本、体力成本、精神成本等。

8）发展性条件

未来 5 ~ 10 年，场地周边变化可能对场地造成的稳定性影响。

（1）市政规划

市政规划可能对场地造成的影响。

（2）拆迁

该区域拆迁可能对场地造成的各种影响。

（3）商业规划

该区域可能新建的各种大型项目对场地造成的影响，如学校、住宅区、大型商业楼盘等。

（4）道路变化

了解未来进行的道路变更规划，分析其对场地的各种影响。

（5）发展空间

分析该区域是否存在商业氛围下滑或上升的各种可能性。需要说明的是，上述标准仅仅是场地选择的参考，不可生搬硬套。特殊情况下，即使场地不满足上述条件，但只要场地综合条件优于竞争对手，都是可以尝试的。

1.2.2 场地判断常用技巧

考察一个场地是否适合开火锅店，不仅要依靠上述标准，更重要的是，要应用一些判断场地的常用技巧。

1）流量判断

流量判断主要是考察人流量。人流量观察应分时进行，分别于日常、节假日、中午用餐时段、晚上用餐时段、晚上下客时段观察场地道路的自然人流量。如任何一个时段自然人流量稀少，则需谨慎。其次，应观察上客时间，如与其他区域相比，该场地周边餐饮企业的上客时间明显推迟，则表明该场地存在一定的经营风险。

2）卖场辅助判断

如场地靠近大型卖场（超市或百货商场），且该卖场存续时间较长，则该场地具有很高的商业价值。观察场地周边日用消费品销售店铺的数量及销售的生意状况，如数量众多且生意较好，则该区域较好。十字路口或丁字路口乃黄金口岸。主干道、单行道、社区内部道路等附近的口岸乃可疑口岸，宜慎重。任何一个场地所在的区域都会随着时间的推移而发生变化，或由盛而衰，或由衰而盛。

如分租某一大楼中的局部场地，应特别注意楼盘的整体外立面，外立面外观杂乱（如广告位杂乱、空调室外机组杂乱等）可能导致场地广告效果不明显，此类场地宜谨慎。场地周边环境会严重影响火锅店的选择策略。周边环境不佳的场地宜谨慎。室外空间除考虑停车位，还应考虑候餐空间和促销空间。场地室外最好相对开阔，以利于未来候餐和现场促销活动的开展。

3）城市判断

城市越大，场地选择越需谨慎。对于二、三线城市，只要场地位置不是太偏，则可行。在大城市选择场地，应按照先选择区域，后选择地段，再确定地点的顺序进行。尽量征求当地人的意见，特别是当地餐饮界人士的意见。不仅要考虑顾客到店的方便程度，还要考虑其用餐完毕后离开的方便程度，即返程交通的便捷程度，同时应考虑行人行走的习惯。

1.2.3 店铺选址其他依据

店铺选址时应考虑"四忌两宜"。

1）四忌

（1）忌一些特殊建筑附近的店铺

一些特殊建筑，主要是指如烟囱、厕所、牛栏、马厩、医院等容易使人感到心理不适的建筑。对于经营者来说，常处在这样的环境中，不仅顾客稀少，还可能会让人精神不振，心气不畅。

（2）忌令人烦躁的店铺

在选择店铺时，力求坐北朝南，其目的是避开夏季的暴晒和冬季的寒风。

作为经商性质的店铺，如果店门朝东西开，那么在夏季，阳光会通过店门照射到店内。夏季的阳光是火辣的，店员在烈日的照射下，口干舌燥，全身大汗，很难保持良好的情绪。店员工作情绪低落，容易烦躁，容易对顾客简单应付，甚至粗暴对待。这是非常不利的。

（3）忌寒气逼人的店铺

如果店铺朝北，冬季来临，不管是刮东北风还是西北风，风都会朝着门户大开的店铺里钻。店员因寒冷不愿走动，就会使商品的流动速度减慢，造成商品销售量减少。

（4）忌偏僻地段的店铺

在城市里，人流穿行密集的地方就是繁华地段。从经济学的角度说，城市的繁华地段是商品交易最活跃、最频繁的地方，人们聚集而来，在很大程度上就是为了选购商品。将店铺选择在繁华地段，可以将自己的商品主动迎向顾客，起到促销作用，将生意做红火。

相反，如果将店铺开设在偏僻地段，就等于回避顾客。店铺开张经营，而顾客很少光顾，店铺就会冷冷清清，甚至门可罗雀。

2）两宜

（1）宜选开阔地段

选择店铺的地址时，应考虑店铺正前方的开阔，要求不能有任何遮挡物，如围墙、电线杆、广告牌和树木等。

讲求店铺门前的开阔，可以使店铺面向四方，这样不仅视野广阔，而且可以使较远的顾客和行人看到铺面，有利于将店铺经营的信息传递给行人。从经商的角度来说，顾客和行人接收了店铺的商品信息，就可能前来选购。

（2）宜选吉祥寓意地段

店铺的选址，应选择一个带有吉祥寓意的街名，或选择一个能给自己带来好运的门牌号码，这样能给经商者带来好彩头。

店铺的选址，主要在于选择一个能让商家生意兴隆的环境。店铺位置的好坏，对生意好坏有很大影响。

当然，除了选址，选择一个好的品牌也是关键，并搭配好的营销手段。

1. 火锅店选址要考虑哪些因素?

2. 判断场地的依据有哪些?

项目 **2**

火锅店主题文化设计

任务1 火锅店主题文化设计

鲜明的风格是宴席的灵魂，火锅作为宴席的一个重要门类，自然也相当注重主题的烘托。而它的意境是客观景物与主观感受相结合的产物，也是渲染火锅气氛、表现主人情谊、实现礼仪交往的手段。

2.1.1 火锅店的主题风格

1）复古怀旧风格

重庆火锅，又称毛肚火锅、麻辣火锅。大多数火锅店直接照搬了当年重庆码头边一些火锅店的景象：石桌、老铁锅配上分菜格、土碗、老板凳、砖房或瓦房等，古朴粗放，以营造纯粹的老重庆火锅气氛，这类设计占相当大的比例。火锅店的复古风格设计受到一些喜欢中国传统文化的食客欢迎，如图2-1、图2-2所示。

图2-1　　　　　　　　　　　　　　　　　　　图2-2

2）西式现代艺术风格

随着时代的发展，人们对艺术审美的追求也一步步升华。受波普艺术、达达艺术、未来主义、极简主义等风格的影响，如今的审美也由当初的欧洲古典主义逐渐转向西式现代艺术风格。

艺术风格正在逐步深入民众的生活，如不少中餐馆装修成西餐店的场景，餐具改用西式的刀叉、餐盘、高脚杯等。火锅店的设计，同样可以将现代艺术借鉴过来，如将传统的灶改为电磁炉，大铁锅改为不锈钢锅，座椅和桌子改用极简主义的现代风格设计，甚至连整个房屋的室内外装修，都可以大胆借鉴当下最前沿的艺术元素，如重庆的小天鹅、顺风123都很好地运用了西式现代艺术风格，如图2-3—图2-6所示。

图2-3　　　　　　　　　　　　　　　　　　　图2-4

图 2-5

图 2-6

2.1.2 火锅店主题文化设计注意事项

一个火锅店面的设计，不只是某一个方面的设计，而是一系列全方位系统化的设计。简单来说，可以分为以下 3 个方面进行设计，各方面的设计应遵循统一的原则。

1）店面门头设计

火锅店的门头设计需要注意以下几个方面：

①门头设计需要服从整个火锅店的主题风格，也就是西式配西式，中式配中式，古典配古典，现代配现代。一般情况下，不能随意混搭，有时混搭会出奇效，但绝大多数时候会弄巧成拙，造成不伦不类的效果。

②门头的设计饰物搭配。门头设计除了门框、门槛等基础部件外，在条件允许的情况下，可添置一些饰物。这些饰物可以是气球、灯具、雕塑、假山，甚至改装的汽车、火车头、LED 大屏幕等，其目的是引人注目，聚拢人气。值得注意的是，搭配必须与主题风格相融合，避免出现不伦不类的情况。比如，一个现代时尚的餐厅门口，摆上石狮子，挂上红高粱，这样做会导致整体风格混乱，削弱了店面的文化特质，客人无法在心目中给该店定位，从而影响客源。

2）店内装饰设计

店内装饰设计也称场景设计。场景设计是指场地的布置、餐食的美化和座椅摆放，要达到切合主旨、新颖别致和格调统一的目的，具体应做到：

①基础硬件的定位。

②软装饰。比如，装饰画、古董古玩、桌面饰物、桌旗桌布、墙纸地毯等。

③声光电设备。当今世界急速发展，声光电设备早已不是什么新鲜事物。在店中可以运用大量的灯光设备烘托气氛，运用声音设备塑造主题，甚至有的餐厅直接请人在店内进行即兴表演。

3）服务风格设计

（1）菜单设计

菜单又称席单、宴单、菜谱。菜单的形式众多，重庆的菜单一般是在简易的纸张上印刷各种菜品与价格。而一些有设计感的店是将菜品内容与价格制成精美的菜单卡片置于餐桌上，供客人欣赏或查询，还有一些店将菜单制作成折扇形、屏风形或贺卡形。近年来，出现了利用移动互联网设备来扮演菜单的角色，如利用平板电脑展示菜单，以及顾客可以通过微信扫一扫进入小程序自助点菜。需要注意的是，菜单的设计要与店面整体设计风格一致。

（2）服务人员着装设计

员工的着装是整个店面主题风格的一部分，什么样的主题风格配什么样的服装。比如，古典风格配旗袍或长衫等服装，现代风格配时尚简洁的服装。在时代同步的情况下，最好能让服务员的服装和整个店面的色彩色调有一定的关联，达到"天人合一"的境界。

（3）服务语言设计

服务人员的语言也是整个店面主题风格的重要组成部分，而服务人员的语言不仅指声音语言，还包含肢体语言，它们共同营造了顾客在店内的氛围。比如古典风格的店面，可以采取参杂古话的做法；而现代时尚的店面，可以在服务过程中多用一些当下流行的时尚语言，甚至加入某些简单通俗的外语，其目的是强化主体风格，让客人印象深刻，利于口口相传。

思考题

考察有特色的火锅店，分析它们的主题定位。

项目 **3**

火锅店前厅管理

【教学目标】

知识目标

　　了解火锅店前厅的人员构成、火锅店的人员管理与物品管理。

能力目标

　　能正确掌握火锅店服务系统管理。

素养目标

　　掌握火锅店前厅知识，为客人提供优质服务。

任务1　火锅店前厅管理

　　火锅店管理中，设备、服务、价格是重要方面，前厅管理也很关键。

3.1.1　火锅店前厅人员的构成

　　火锅店前厅主要是接受宾客的委托，组织各种类型的零餐火锅、团队包餐火锅和宴会火锅服务。管理人员包括总经理、经理、大堂经理、总经办主任、策划部经理、营销部经理、财务部经理、后勤部经理以及领班。工作人员主要包括客户服务员、厨务服务员、保洁员、安保员等。厨务人员主要包括火锅厨师长、岗位火锅师以及杂工。

3.1.2 火锅店人员管理

火锅店人员管理要明确管理幅度，确定管理层次；实行专业分工，以火锅经营为中心；坚持统一指挥，职权、责任相结合；符合精简、统一、有效、协调的要求；讲究服务技能、技巧和服务效率。除此以外，还需要火锅店经营管理者制订以下手册和制度来管理和约束服务人员：

①员工手册。

②员工培训制度。

③奖惩单。

④前厅检查表。

⑤后厨检查表。

⑥安全检查表。

⑦卫生巡视表。

⑧安全制度。

⑨各类突发事件预案。

⑩前厅环境及卫生管理制度。

⑪后厨环境及卫生管理制度。

⑫采购制度。

⑬财务制度。

⑭原材料领用制度。

⑮设备设施检查、维护、清洁制度。

⑯危险设备操作规程。

⑰液化气、天然气安全操作规定。

⑱投诉处理及追踪制度。

⑲顾客满意度调查制度。

⑳原材料验收制度。

㉑库房管理制度。

㉒虫害防治制度。

3.1.3 火锅店物品管理

在火锅店经营中，规范物品的领取和使用，可以加强对火锅店财务资产的控制与管理。火锅店物品管理，包括物品的回收、保存，物品的领取制度、物品的赔偿方式等。为更好地利用火锅店流动资产，加强餐饮用品管理，特制订以下管理办法：

①各部门由专人负责火锅店餐具的清点和管理，具体责任落实到人。

②传菜部分管人员在营业过程中负责检查厨房出菜口使用的餐具是否完好，发现破损，有权拒绝出菜并要求厨房更换餐具。

③厨房洗碗工主要负责检查前厅回收的餐具是否完好，发现问题及时与前厅负责人联系，落实责任。

④前厅各区域负责人员主要负责对洗碗工所提供的餐具、杯具进行检查，发现问题及时与传菜主管联系，由主管记录在案，月底清算。餐具、杯具损坏的标准是盘碗表面划伤，有残缺、裂痕等。

⑤凡打碎餐具、杯具不及时上报并私自丢弃处理者，一经发现，按照损坏餐具金额的10倍进行处罚。

⑥凡发生客损及员工损耗，一律在当天作出处理，做好登记。

⑦工作人员严禁使用店内餐具，一经发现，严肃处理。

3.1.4　火锅店服务系统管理

在火锅服务中，只有美味的火锅，没有高质量的服务是不行的。只有高质量的服务，没有可口的菜品也不行。有美味的火锅佳肴，再加上热情、礼貌、周到的服务，才会受到顾客的欢迎。火锅销售与服务是同步进行的，服务的优劣，直接影响火锅销售的结果。做好服务管理需要做到以下几个方面：

1）建立组织机构

根据店的规模大小、档次高低来建立火锅店服务系统的组织机构。一般的火锅店由采购、保管、厨房、火锅制作销售部门组成，另外设有业务办公室，负责整个火锅店的日常业务工作。

2）明确分工职责

火锅的制作与销售过程比较复杂，火锅业务管理环节多，技术要求高，涉及面广，必须明确各级、各部门的分工及职责。

（1）明确管理幅度，确定管理层次

管理幅度是指一名领导者能够有效地直接指挥或控制下级人员的数量，也称有效管理幅度。管理层次是指从经理到基层职工之间分级管理的各个层次。管理层次的数量取决于店的规模和有效管理幅度的大小。在组织时，要掌握好管理幅度的大小和管理层次的数量，如果管理幅度太小，管理层次就会增多，形成机构重叠、信息不灵、事少人多，降低效率。反之，如果管理幅度太大，管理层次减少，事多人少，也难以进行有效的监督和指挥，同样不能提高效益。

（2）实行专业分工

以经营为中心，为了提高火锅店经营活动的效率，在进行服务时，要把火锅店各项工作进行适当的分类和分配，确定各个机构的工作种类、范围和职责，并以火锅业务经营为中心，着重考虑火锅业务经营的需要。在火锅店的各项工作中，火锅生产加工、销售服务两项业务经营活动是中心工作。因此，一方面，要合理设置直接负责火锅生产、销售业务的各个部门，并配备主要力量，保证火锅经营业务第一线的需要；另一方面，要以业务经营为枢纽，设置必要的管理机构，保证火锅经营活动的正常进行。

（3）坚持统一指挥

职权、责任相结合，在建立服务部门时，要考虑实行统一领导、分级管理的原则，不能有多头指挥。同时，各个管理层次应实行逐级指挥和逐级负责。一般情况下，不应越级指挥。对那些经常反复出现，而已经有常规处理措施的管理业务，应当下放给下一层次处理，只有遇到例外的、特殊的情况和问题，才由部门经理处理。在机构组织中，各个机构应有明确的责任和相应的权力。只有这样，才能完成其承担的任务。

（4）要符合精简、有效、统一、协调的要求

精简，就是火锅店组织结构的层次和人员的配备，要同部门所承担的任务相适应，避免人浮于事。有效，就是要有利于机构的作用发挥，提高工作效率和劳动效率。统一，就是火锅店各部门职责范围应统一划分，重要的规章制度应统一制订，发布的指示要统一，不能令出多门。协调，就是各类组织机构在分工范围内能自主地履行职责，并相互协调，同步运行。

 思考题

火锅店服务系统管理有哪些？

火锅店厨房规划与布局

【教学目标】

知识目标

　　掌握厨房设计要求，弄清厨房各区域设计要点，了解厨房作业区规划。

能力目标

　　能够掌握厨房的合理布局，正确了解厨房作业区域的用途。

素养目标

　　正确了解厨房的布局，掌握厨房作业的合理性，增加对厨房的了解，为更好地工作打好基础。

任务1 火锅店厨房规划与布局

4.1.1 厨房设计要求

　　厨房的设计应以流程合理、方便实用、节省劳动力、改善厨师工作环境为原则。设备方面，不必追求多多益善。厨房设备多而没用，不仅投资增大，而且会占用场地空间，使厨房生产操作施展不开，增加不安全因素。同时，更没有必要一味追求气派、漂亮，造型花哨。

1）厨房设计

火锅店的厨房设计一般有 3 种类型：一字形、L 形和 U 形。最理想的做法是以火锅加工流程作为设计基础。

（1）一字形

把所有的工作区都安排在一面墙上，通常在空间不大、走廊狭窄的情况下采用。所有工作都在一条直线上完成，节省空间。但工作台不宜太长，否则容易降低效率。在不妨碍通行的情况下，可以安排一块能伸缩调整或可折叠的面板，以备不时之需，如图 4-1 所示。

（2）L 形

将清洗、配膳与烹调三大工作中心，依次配置于相互连接的 L 形墙壁空间。最好不要将 L 形的一面设计过长，以免降低工作效率，这种空间运用比较普遍、经济。

（3）U 形

工作区有两处转角，与 L 形的功用大致相同，对空间的要求较大。水槽最好放在 U 形底部，并将配膳区和烹饪区分设两旁，使水槽、冰箱和炊具连成一个正三角形。U 形之间的距离以 120 ~ 150 厘米为宜，使三角形总长及总和在有效范围内。此设计可以增加更多的收藏空间，如图 4-2 所示。

图 4-1   图 4-2

工作台的高度依人体身高设定，橱柜的高度以适合最常使用厨房者的身高为宜。工作台面高 800 ~ 850 毫米；工作台面与吊柜底的距离为 500 ~ 600 毫米；放双眼灶的台面高度最好不超过 600 毫米。吊柜门的门柄要方便最常使用者的高度，而方便取存的地方最好用来放置常用品。

橱柜面板强调耐用性，橱柜门板是橱柜的主要立面，对整套橱柜的观感及使用功能都有重要影响。防火胶板是最常用的门板材料，柜板亦可使用清玻璃、磨砂玻璃、铝板等，可增添设计的时代感。

照明要兼顾识别力，厨房的灯光以采用能保持蔬菜水果原色的荧光灯为佳，这样不仅能使菜肴发挥吸引食欲的作用，也有助于厨师在洗涤时有较高的辨别力。

管线布置注重技巧性，随着厨房设备电子化程度的提升，除冰箱、电饭锅、抽油烟机等基本的设备外，还有消毒碗柜、微波炉以及各种食物加工设备，因此，插头的分布一定要合理、充足。

厨房的设计，在空间处理上以密闭式为主，这样可以减少厨房使用时对前厅空气的污染，降低噪声。

2）厨房装修

厨房在装修方面，要以如下 9 个方面为标准：

①灯光设计。整体亮度要足够，在吊柜下安装灯具能有效地增加照明度。

②色彩设计。选择活泼明快的色彩，以创造轻松的气氛。

③通风设计。要保持通风，除了有抽油烟机外，还应加装排气扇。

④工作台的设计。工作台的高度应在 85 ~ 90 厘米，台面深度通常不低于 60 厘米，太低不利于操作。

⑤防火设计。厨房的顶面、墙面宜选用防火、抗热、易于清洗的材料，如釉面瓷砖墙面、铝板吊顶等。

⑥合理布局。厨房设计应合理布置灶具、抽油烟机、热水器等设备，并充分考虑这些设备的安装、维修和使用安全。

⑦安全性设计。地面不宜选择抛光瓷砖，应选用防滑瓷砖，以防滑倒等意外情况。

⑧要善用自然光。阳光的射入，可以节约能源，同时让人心情舒畅。

⑨要注意防水防漏。厨房地面要低于餐厅地面，做好防水防潮处理，避免渗漏造成麻烦。

4.1.2　火锅厨房各区域设计要点

1）厨房设计

火锅厨房设计有几种情况：一是片面追求厨房整体效果，购买设备看样品时，只重外表，结果买回的设备板材太薄、太轻，工作台一用就晃，炉灶一烧就鼓，冰箱一不小心就升温。还有些设备看似新颖，功能超前，然而使用价值不高，如运水烟罩、升降传菜梯等。往往是施工人员撤出，饭店筹建人员退场，接手的厨师叫苦不迭，厨师成了设备的奴隶。二是为了改善厨师的工作环境，为了厨房设备先进齐全，于是无节制地扩大面积，扩展空间。不仅如此，还把偌大一个厨房进行无限分隔，各作业间互相封闭，看不见，叫不应。这样既加大了厨师搬运货物的距离，不便于大家相互配合、提高工作效率，又容易产生安全隐患。

因此，厨房的设计应紧紧围绕餐厅的经营风格，充分考虑实用、耐用和便利的原则。具体地讲，应在以下几个方面特别加以重视：

（1）厨房的通风

无论厨房是选配先进的运水烟罩，还是直接采用简捷的排风扇，最重要的是要使厨房，尤其是配菜、烹调区形成负压。所谓负压，就是排出去的空气量要大于补充进入厨房的空气量，这样才能让厨房保持空气清新，但在抽排厨房主要油烟的同时，不可忽视烤箱、煲炉、蒸箱、蒸汽锅以及蒸汽消毒柜、洗碗机等产生的浊气、废气，要保证所有烟气不在厨房区域弥漫和滞留。

（2）厨房的明厨、明档

餐馆设计明厨、明档，是火锅业发展到一定阶段的产物。设计明厨、明档，只需将生产的最后阶段进行展示即可。

（3）厨房地面

厨房地面的设计和选材，切不可盲从，必须审慎。在没有选到新颖实用的防滑地砖前，使用红钢砖不失为有效之举。

（4）厨房的用水和明沟

许多厨房的水槽、水池都太少、太小，厨师要跑很远才能找到水池，于是忙起来很难顾及清洗，厨房的卫生很难令人信服。厨房的明沟，是厨房污水排放的重要通道。可有些厨房的明沟要么太浅，要么太毛糙，要么无高低落差，要么无有机连接，使得厨房和水池相连，臭气熏人。因此，在进行厨房设计时，要充分考虑原料化冻、冲洗，以及厨师取用清水和清洁用水等需要，尽可能在合适的位置配备单槽或双槽的水池，切实保证食品生产环境的整洁卫生。

（5）厨房的灯光

餐厅的灯光重在文化，厨房的灯光重在实用。这里的实用，主要是指临炉炒菜要有足够的灯光以把握菜肴色泽。案板切配要有明亮的灯光，以有效地防止刀伤且便于追求精细的刀工；打荷出菜的上方要有充足的灯光，以切实减少杂草混入菜品。厨房的灯光无须像餐厅一样布局整齐，豪华典雅，但也不可以忽视。

2）辅助设计

辅助设计是强化完善餐饮功能的必要补充。辅助设计主要指在餐饮功能的划分上，既不属于直接服务于客人用餐和消费的餐厅，也不属于菜点生产制作的厨房。但少了这些设计，餐厅可能会显得不雅、粗俗，甚至嘈杂、凌乱，厨房生产和出品也会变得断断续续，甚至残缺不全。这些辅助设计主要有备餐间设计和洗碗间设计。

（1）备餐间设计

备餐间是配备开餐用品，创造顺利开餐条件的场所。传统的餐厅管理大多对此设计和设备配备没有引起足够的重视。因此，出现了许多餐厅弥漫污烟浊气，出菜服务丢三落四的情况。备餐间设计要注意以下几个方面的问题：

①备餐间应处于餐厅和厨房的过渡地带，便于夹菜、放菜、传菜，便于通知划单员，方便起菜、停菜等信息的沟通。

②厨房与餐厅之间采用双门双道。厨房与餐厅之间真正起隔油烟、隔噪声、隔温度作用的是两道门的设置。同向两道门的重叠设置不仅起"三隔"的作用，而且避开了客人直视厨房，有效解决了陈设屏风的问题。

③备餐间要有足够空间和设备。

（2）洗碗间设计

好的洗碗间设计与配备，在餐饮经营中可有效减少餐具破损，保证餐具洗涤及卫生质量。在设计洗碗间时，应处理好以下几个方面的问题：

①洗碗间应靠近餐厅、厨房，力求与餐厅在同一平面。洗碗间的位置，以紧靠餐厅和厨房，方便传递使用过的餐具和厨房用具为佳。洗碗间与餐厅保持在同一平面，主要是为了减轻传送餐具员工的劳动强度。当然，在大型餐饮活动之后，用餐车推送餐具也是前提条件。

②洗碗间应有可靠的消毒设施。洗碗间不仅承担清洗餐具和厨房用具的责任，同时负责所有洗涤餐具的消毒工作。而靠手工洗涤餐具的洗碗间，则必须在洗涤之后，根据本店的能源及场地条件等具体情况，配备专门的消毒设施。消毒之后，再将餐具用洁布擦干，以供餐厅和厨房使用。

4.1.3　厨房作业区规划

1）厨房的组成及区域部门布局

①食品原料的接收、贮藏和加工区域，包括进货口、验货处、干货库、冷藏库、办公室和粗加工处。

②作业区域，包括炒料间、配菜台、货架、出菜区。

③备餐洗涤区域，包括备餐间、清洗间和餐具储藏间。小型火锅店可不进行分隔。

2）作业区域的布局

（1）直线形布局

将设备按一字形靠墙或在一个长方形的通风排气罩下排列。这种布局适合各种厨房。

（2）L 形布局

通常沿墙壁设置成 L 形。这种布局往往能更合理地利用厨房空间，减少厨房面积的浪费。

（3）U 字形布局

将设备的摆放和工作流程设计成 U 字形。

（4）平行状布局

将设备分成两排，面对面或背对背平行排列。

 思考题

1. 火锅厨房设计的要求有哪些?

2. 火锅厨房布局的原则有哪些?

火锅原材料管理

【**教学目标**】

知识目标

　　掌握食品原材料采购管理，掌握食品原材料验收管理，了解食品原材料库房管理。

能力目标

　　能够认识采购、验收、贮藏、发放的重要性，正确理解采购、验收、贮藏、发放的要求、程序和方法。

素养目标

　　掌握厨房原材料的管理知识，对该行业有所了解，增加学生对本专业的情感。

任务1　食品原材料采购管理

5.1.1　食品原材料采购的程序

　　采购程序是采购工作的核心。实施采购首先应制订一个有效的工作程序，使从事采购的有关人员清楚应该怎么做，应该怎样沟通，同时，便于管理者履行职能，知道怎样去控制和管理。

1）供货商的选择

（1）供货商资格

供货商出具营业执照、税务登记证、食品流通卫生许可证，以及注册资金、资质证明等文件。对于经营一些特殊商品的供货商，还应具有特殊商品经营许可证。

（2）供货商的规模

对供货商的规模调查，主要看供货商的注册资本。一般来讲，供货商的营业执照上有工商部门核实的注册资金，或由供货商提供的会计师事务所出具的验资证明文件。

（3）供货商的结算方式

结算方式包括双方的结算时间和支付方式。

2）采购的一般程序

（1）开单

厨师长根据餐厅的客源状况以及餐厅的生产能力，对一定时期内的用料状况作出预测。然后，根据预测的结果，统计出每种原料的消耗量，开出原料单，并确定每种原料的采购数量、品种、规格、送货时间。

（2）审核

厨师长开出原料单，并将统计结果报给行政总厨，行政总厨根据餐厅的经营状况，对原料进行一定的修改和补充，最后签字确认。

（3）采购员下单

采购员根据原料单上的内容对原料进行分类，按照原料单的要求，将各种原料报给供货商，并告知送货注意事项。

（4）送货

供货商根据餐饮企业的订单，按时、按量、按质将原料送到指定的地点，等待接受验收员的验收。

在整个运行程序中，企业管理者应严格按照采购程序，对下属进行督导和管理，明确部门的责任，以保证各餐厅和厨房及时领取适量的新鲜原材料。

5.1.2　食品原材料采购的方法

采购人员在为企业购买食品原料和其他物品时，根据原料性质、使用缓急程度的不同，采用的购进方法也多种多样。在采购过程中，常常会遇到购货地点较远、交通工具不便和临时突发事件，这些突发事件会给采购人员的工作带来困难。这就需要采购人员因势利导，灵活掌握，采取不同的方式尽心尽力地完成自己的工作任务。

采购人员要根据本企业每天的营业情况和效益好坏程度，对原料消耗的具体情况和必备食品，做到心中有数，从而选择不同的采购方式。采购人员一要善于观察，二要熟悉购买清单的具体内容，做到到货及时，准确无误，质量合格，价格合理。采购人员平时工作中要拓宽进货渠道，货比三家。为了使本职工作顺利完成，减少压力，一般采取定时进货、临时进货、电话进货、外出进货相结合的方式，不断提高工作效率，保证企业各部门用货的需要。

1）定时进货

一般来说，有经验的采购人员在定时进货问题上分两步进行：一是对可能提前进货的原料（如毛肚、鸭肠、淀粉等）、调味品（盐、干辣椒、白糖等）、烟、酒及备用物品，应在防止过分积压或脱销的情况下，适当提前进货，保证库存量；二是保证当日企业各部门所需物品。为保证厨房使用到新鲜的鱼类、肉类、蔬菜、豆制品等，必须当天早上采购。由于有时间性，因此，为保证原料的新鲜程度，必须定时进货。

2）临时进货

临时进货的采购方法，是指在正常采购之外，为应对临时出现的特殊情况，必须采取的紧急采购方式，一般出现在中小餐馆。这里也分两种情况：一是在头一天厨房请购时遗漏的原料，或是上座率提高导致原料短缺，需要临时采购以保证业务正常运转；二是紧急特殊情况发生时急需的原料或物品，如电闸保险丝断裂导致停电，没有备用的材料，急需采购。当企业出现这种情况需临时进货时，采购人员应放下正常的工作，想尽一切办法做好补救。

3）电话进货

为了减少采购人员平日亲自去市场或商店采购的压力，除有些货物必须自己经手采购之外，可通过打电话的方式进行订货、送货。平时采购人员应多选择一些供货商，多储存一些供货商的电话。供货商送货上门，可以减轻采购人员的劳动强度，达到进货及时、保证需求的目的。

4）外出进货

上档次的餐馆，由于经营需要，经常要到原产地进行采购。如较为高档的海鲜、干货、菌类等。为了减少中间环节、降低成本，一般到外埠采购的机会较多。尤其大宗的进货，在选择上既直观又防假冒，价格上也更便宜。定期外出进货，也是采购人员的采购方式之一。这就要求采购人员必须有分辨和识别原材料的能力和知识，不仅要保证原材料的质地，还要了解其出成率的多少。

根据不同情况，还有许多种采购方式，如集中采购、联合采购、定向采购。企业究竟适合哪种方式，要根据企业的档次、规模与实力酌情决定和实施。

5.1.3 食品原材料采购质量、价格和数量控制管理方法

1）制订采购分析

一般来说，在采购之前首先要做采购分析，以决定是否需要采购、怎样采购、采购什么、采购多少以及何时采购等。在制订采购分析时，主要对采购可能发生的直接成本、间接成本、自行制造能力、采购评标能力等进行分析比较，决定是否从单一的供应商或多个供应商采购所需的全部或部分货物和服务。

2）采购计划编制

根据采购分析的结果，编制采购计划，说明如何对采购过程进行管理。具体包括合同类型、组织采购的人员、管理潜在的供应商、编制采购文档、制订评价标准等。根据项目需要，采购管理计划可以是正式的、详细的，也可以是非正式的、概括的。

3）询价

询价是价格谈判中不可缺少的重要一环。应当说，它的具体操作方法，因人因地因时而异，效果自然有所差别。重庆秦妈火锅的做法是询价三人行。也许有人会问，有必要吗？重庆秦妈火锅的总厨师长助理说："我们每月市场询价两次，采购员、库房验收员、厨师长三人同行，采购员最熟悉市场价格走势，库房验收员注重货品品相，厨师长明白质量优劣，三人各自发挥特长，共同把关价格。这样一来，厨师长也可以逛逛市场，一来及时了解市场行情，二来注意开拓新的货源。近几年，餐饮原材料呈现日新月异的变化，比如，一些新型瓜果、特种蔬菜、环保器皿等，能够丰富餐饮需求，对餐饮经营很有帮助。询价之后，制订原料（主要是鲜活部分）价格发给各厨房，由厨师长据此调整相应菜品。"

4）选择供应商

餐饮业采购管理是餐饮企业成本控制的重要部分。对大多数餐饮企业而言，单一客户的采购量未必很大。相比之下，通过服务灵活的供应商进行采购时，买方庞大的采购批量往往能够获得特别的折扣，他们可以要求供应商储备一定的库存量，从而将自己的库存削减至最小。不仅如此，供应商通过增加库存和提供额外服务等手段，也可以与大客户结成相当紧密的伙伴关系。供应商通过大批量的商品进出，达到薄利多销的目的。当客户有其他需求时，他们往往会成为首选供应商。实际上，这是一个双赢的局面。这个阶段可以根据既定的评价标准，选择一个承包商。

5）灵活进货，减少存货

鲜活原料每日进货，日进日出，基本上不存货，既保证了原料的新鲜度，又降低了库存

所占资金。对于急需的原料，实行"紧急采购"，由厨师长填单，经财务总监、餐饮总监共同签字后直接采购，由厨师长验货。这样可以减少中间环节，保证厨房的紧急需要。对于一些特殊原料，实行单独采购，这样能够保证优质优价，不存货，不浪费，同时满足了需要。另外，库房还不定期地打出"慢流动表"，凡是库存超过100天的，都要上该表，然后找到责任厨师长，寻求解决办法，做到不浪费和再利用。

任务2　食品原材料验收管理

5.2.1　食品原材料验收的一般程序

验收的程序主要有：核实收受项目→检查原料的质量和规格→检查原料的数量→签字盖章送库储存→填写有关验收报表和记录。

5.2.2　食品原材料验收方法

餐饮经营中的食品原材料验收通常有按发票验收和填单验收两种基本方法。

1）食品原料品质的基本要求

首先根据员工对膳食的要求，按照合理和营养的原则来确定。其次按照员工对原料的食用习惯和食用价值确定。

2）品质鉴定的依据和标准

根据食品原料品质鉴定的基本要求，品质鉴定的依据和标准主要有以下几点：

（1）嗅觉检验

用嗅觉器官来鉴定原料的气味，如出现异味，说明已经变质。

（2）视觉检验

视觉检验范围最广，凡是能用肉眼根据经验判断品质的，都可以用这种方法对原料的外部特征进行检验，以确定其品质的好坏。

（3）味觉检验

可以根据原料的味觉特征变化情况来鉴定其品质的好坏。

（4）听觉检验

有些原料可以根据听觉检验的方法鉴定品质的好坏，如鸡蛋的品质，可以用手摇动，然后听声音来鉴定。

（5）触觉检验

触觉是物质刺激皮肤表面的感觉。手指是敏感的，接触原料可以检验原料组织的粗细、弹性、硬度等，以确定其品质好坏。感官鉴定品质是常用的基本方法。

5.2.3 食品原料数量与质量验收控制管理方法

食品原料的验收项目，应根据不同的原料品种，采用不同的验收方法，或根据订购单（订购合同书）上规定的项目进行逐项验收。常见的验收项目包括原料的品种、规格、数量、质量、包装要求，或批量原料的样品等。

1）品种验收

食品原料的验收，首先要进行的是品种验收，确认采购的食品原料的品种是否符合厨房使用的品质要求。由于食品原料种类繁多，有些食品原料并不是验收人员就能够准确加以识别的，因此，对于有异议或辨认不出的原料，应请有经验的厨师帮助识别验收，以免出现验收差错或把关不严等问题。

2）数量验收

对于零散的食品原料，需要进行称重，并一一过秤。对于按个数计数的，要一一清点个数。对于有大包装的，首先应按包装进行大数点清。其办法有两种：一是逐件点数计总或用计数器计总；二是集中堆码点数。在大数点验收的同时，还要对大包装进行仔细验看，检查是否有破损、渗漏等情况。大数点清后，再根据包装标注的个数、重量、容量等对大包装内的具体数量进行计量，最后验清每个品种的总量。

3）质量验收

食品原料的质量验收是最为复杂的环节，不仅需要依靠专业的仪器设备，而且需要依靠一定的感官经验进行鉴别。对于一些包装好的原料，则应进行抽样检验。

（1）感官检验

感官检验是指以验收人员的味觉、嗅觉、视觉、触觉和听觉来检验食品原料质量好坏的一种方法。它主要通过色泽、气味、滋味、口感、手感、音响、外观等方面来判断食品原料的质量状况。虽然得不出准确的验收数据，但有经验的验收人员还是能够判断出质量的优劣。感官检验主要适用那些鲜活类的原料，如蔬菜、水果、禽畜肉类等。由于这些鲜活的原料需求量较大，每天都需要购进，而在快速检验品质方面又没有相应的设备仪器，因此只能依靠验收人员（或厨房员工）的感官经验进行鉴别。

（2）查验包装

对于打包运输的原料，首先要查验包装是否完好无损。原料的包装破碎，不仅会影响原料的数量，甚至会影响原料的质量。因此，查验包装是验收工作的重要环节。有些食品包装及包装材料异常，入库后可能会对库存食品原料产生更严重的影响。

（3）查验包装标识

查验包装标识是质量验收的重要内容。食品标签内容应符合《预包装食品标签通则》（GB 7718—2011）、《预包装饮料酒标签通则》（GB 10344—2005）和《预包装特殊膳食用食品标签》（GB 13432—2013）的规定和要求。其主要内容包括食品名称，配料表或成分，净含量及固形物含量，制造者、经销者的名称和地址，日期标志和贮藏指南，质量（品级）等级，产品标准号，特殊标注内容等。对于不符合规定要求的食品标签不予验收，尤其应注意保质期。

（4）抽样

在进行质量验收时，对于一些数量较大、包装复杂的食品原料，不可能对所有食品原料逐一进行检验，这就需要从批量中提取少量样品，作为评定该批量食品原料质量的依据。这种提取样品的工作就是验收抽样。抽取的样品必须具有代表性，即能够正确代表批量食品原料的质量状况。如果抽取的样品不具有代表性，会使验收食品原料的质量变得毫无意义。抽样的方法一般有百分比抽样和随机抽样两种。百分比抽样是指在该批量中不论批量的多少均按一个百分比从中抽取样品；随机抽样是指在该批量中每个样品均有同样被抽取的机会，验收人员完全用偶然的方法抽取样品。随机抽样因其操作的不同，可以采取单纯随机抽样、分层随机抽样和系统随机抽样等方法。

任务3 食品原材料库房管理

5.3.1 干货原材料储存管理要求

①干货原材料应放置在货架上储存，货架离墙壁至少5厘米，离地面15厘米，便于空气流动和清扫，并防止污染。

②干货原材料放置应远离自来水管道、热水管道和蒸汽管道。

③使用频率高的干货原材料，应放在容易拿到的下层架上，货架应靠近库房入口处。

④重的干货原材料应放在下层货架上，高度要适中，轻的干货原材料放在高架上。

⑤各种打开包装的干货原材料，应存于贴有标签的容器内，并能防尘、防腐蚀。

⑥所有的有毒物品（如杀虫剂等）不准放在储藏室。

5.3.2 冷藏冷冻原材料储存管理要求

1）原材料冷藏储存的要求

①经常检查冷藏室的温度。各类原材料适宜的冷藏温度如下：新鲜蔬菜存放温度为 2 ~ 8 ℃；短期存放 1 ~ 2 天的鲜鱼、鲜肉类存放温度为 0 ~ 2 ℃。

②不要将原材料直接置于地面上或基座上。

③安排定期清洁冷藏室的时间表。

④储存时，记录该原材料的进货日期，出清存货以"先进先出"为原则。

⑤每日检查水果及蔬菜是否有损坏。

⑥将乳制品与气味强烈的原材料分开存放，将鱼类与其他类原材料分开存放。

⑦建立冷藏设备的维修计划。

2）原材料冷冻储存的要求

原材料的冷冻储藏一般应在 −23 ~ −18 ℃。原材料冷冻的速度越快越好，因为快速冷冻之下，原材料内部的冰结晶颗粒细小，不易损坏结构组织。

任何原材料都不可能无限期地储藏，其营养成分、香味、质地、色泽都会随着时间逐渐流失和降低。即使在 0 ℃以下的冷冻环境中，原材料内部的化学变化依然继续发生。例如，在 −12 ℃时，豌豆、青豆等原材料在不到 2 个月的时间内就会发黄，并丧失其原有的香味。有个规则是：冰库的温度每升高 4 ℃，冷冻原材料的保存期限就会缩短一半，因此，原材料的冷冻也须注意保存时间。

冷冻原材料的储存应注意以下要点：

①立即将冷冻原材料存放在 −18 ℃或更低温的空间中。

②经常检查冷冻室的温度。

③在所有原材料容器上加盖。

④将冷冻原材料包好，避免原材料发生脱水现象。

⑤必要时，应进行除霜，以避免出现厚霜。

⑥设定好开启冷冻库的时间，避免多次开启导致冷空气逸出。

⑦储存时，记录下该原材料的进货日期，出清存货以"先进先出"为原则。

⑧经常保持货架与地面清洁。

⑨建立冷冻设备的维修计划。

⑩冷冻原材料解冻时要注意适当的方法。

5.3.3 水产品活养原材料的管理要求

水产品活养原材料应根据不同的品种采用不同的方法，如鲜活的鱼、虾应放在清水里（最好是河水）活养；螃蟹则应用湿蒲包将其排实扎紧，使其减少活动，否则容易造成消瘦或死亡。

水产品活养原材料需要大型的玻璃养鱼缸或养鱼池，所有活养的鱼缸内均需要安装新水循环系统、温度调节系统和供氧使用的氧气泵。水产品在活养期间，必须保持 24 小时连续不断的新水循环与供氧。其他工具包括漏网、塑料筐、塑料袋、电子秤、温度计等，工具的清洁度须达到卫生标准。

水产品活养原材料的环境要求主要取决于水的温度、盐度（1 千克海水所含的盐类克数称为盐度）以及水质的清晰度。活养海鲜的设备和功能见表 5-1。

表 5-1 活养海鲜的设备和功能

设施设备	功能
温度计	测量海鲜池的水温
海水浓度计（又称盐度计）	监测海鲜池含盐的浓度
恒温器	提供热能
氧气泵	为单个海鲜池制造氧气
循环水设备	使海鲜池里的水上下左右循环流动，并在流动中自然充氧
制冷设备	降低池内的水温
过滤网	过滤池水杂质

5.3.4 合理库存总量的确定

确定合理库存总量的公式如下：

合理库存总量 = 样品库存 + 销售库存 + 安全库存

$\qquad$ = 样品库存 + （日均销量 × 订货周期）+ （日均销量 × 5）

式中，样品库存——已付货款的摆柜样品。

$\qquad$ 销售库存——理论上满足店铺日常销售所需要储备的最低库存，按日均销量和订货周期核算。

$\qquad$ 安全库存——按日均销量多备 5 天的库存量，可根据店铺销售和到货情况做适当调整。

$\qquad$ 日均销量——按前 3 个月的平均销量为基准，根据淡旺季适当调整。逢十一、店庆等重大节假日、活动日，可按同期平均销量酌情调整。

$\qquad$ 订货周期——2 次订货的时间间隔。

有效利用账期付款，实现零资金占用的原则是库存周转天数≤账期付款天数。为此各店应在两个方面做好工作：一是与供应商谈判时，提前测算好掌握商品的库存周转天数，争取让账期付款天数大于库存周转天数；二是在账期付款天数一定的前提下，合理控制进货，扩大销售，加快周转。一个结算周期的累计进货量上限应为日均销售和账期天数的乘积。

5.3.5 原料的发放管理

1）直接采购原料的发放管理

直接采购原料主要是指那些立即使用的、易坏的原料，这些原料进货后经过验收直接发到厨房，不经过库房这一环节，其价值按进料价格直接计入当日的食品成本。食品成本核算员在计算当日直接采购原料成本时，只需要抄录验收员日报表中的直接采购原料总金额即可。当一批直接采购原料当天未用完，剩余部分可以在第二天、第三天接着用，但作为原料的发放和成本则按当天厨房的进料额进行计算。

2）库房采购原料的发放

库房采购原料包括干货食品、冷冻食品等。这些食品经采购验收后送入库房，其价值计入流动资产的原材料库存项目，而不是直接计入成本。原料从库房发出后，发出原料价值计入餐饮成本。每日库房发出的原料都要登记，汇总每日库房发料的品名、数量和金额，并注明这笔金额分摊到哪个餐饮部门的餐饮成本中。同时，注明领料单据的号码，以便日后查对。月末，每日将报表上的发料总额汇总，便得到本月库房发料总额。

为搞好库存管理和餐饮成本的核算，库房原料的发放要符合以下要求：

（1）定时发放

为使库管人员有充分的时间整理仓库，检查各种原料的库存情况，不至于因忙于发料而耽误了其他工作，餐饮企业应规定每天固定的领料时间。一般来说，规定8：00—10：00和14：00—16：00为仓库发料时间，其他时间除紧急情况外一般不予领料。还有的企业规定，领料部门应提前一天交领料单，使库管人员有充分时间提前准备，以避免和减少差错。这样既节省了领料人员的时间，又使厨房管理人员能够对次日的顾客流量作出预测，以便计划好次日的生产。

（2）凭领料单发放

领料单是仓库发料的原始凭证，准确地记录了仓库向厨房发放原料的数量和金额。领料单的具体作用如下：控制仓库的库存量，核算各厨房的食品成本，控制领料量。没有领料单，任何人不得从仓库中取走原料。即使有领料单，也只能按照领料单上规定的原料种类和数量进行领取。

凭领料单发放原料的具体程序如下：

①领料人根据厨房生产的需要，在领料单上填写品名、规格、单位和申请数量。领料数量一般按消耗量估计，并参考宴会预订单情况加以修正。

②领料人填完以上栏目后，签上自己的姓名，持单请行政总厨或餐厅经理审批签字。没有审批人员签字，任何食品原料都不可以从库房发出。审批人员应在领料单的最后一项原料名称下画一条斜线，防止领料者在审批人员签字后再填写并领取其他原料。

③库管人员拿到领料单后，按照原料单上的数量进行组配。由于包装的不同，实际发料数量和申请数量可能会存在差异，因此，发放数量应填写在"实发数量"栏中，并在金额栏汇总全部金额。

④库管员将所有原料准备好后签上自己的姓名，以证实领料单上的原料确已发出，并将原料交领料人。

⑤领料单一式三联，一联随原料交回领料部门，一联由库管人员交成本控制员，一联由仓库留存作为进货依据。

3）正确如实记录原料的使用情况

厨房人员经常需要提前几日准备生产所需的原料。例如，一次大型宴会的菜品往往需要数天甚至更长的准备时间。因此，如果有的原料不在原料领取日使用，则必须在领料单上注明该原料的消耗日期，以便把该原料的价值计入其使用日的食品成本中。

4）内部原料调拨的处理

大型餐饮企业和饭店往往有多个餐厅，因此通常也会有多个厨房。有时厨房之间会发生原料的相互调拨。为使各部门的成本核算尽可能准确，企业可以使用"原料调拨单"记录所有调拨往来。在统计各餐厅的成本时，要减去各部门调出的金额，加上调入的原料金额，这样可以正确反映各部门的经营情况。原料调拨单一式三份或四份，调入与调出部门各留存一份，另一份及时送交财务部，有的企业还要另外送一份给仓库记账。

5.3.6　原材料的盘存管理

1）火锅盘存方法

首先，要根据企业的规模和核算要求，确定相关成本的核算方法。比如，直接计入成本，月末盘点再冲成本；先入库计入原材料，领用计入成本，月末盘点再冲成本。一般情况下，如果企业规模较小，核算要求不高，可以选择第一种做法。

①如果对方能提供正规发票，菜、肉等可以直接计入"主营业务成本"。如果有库房，米油、调料，可以先计入"原材料"，领用时计入"主营业务成本"。如果没有库房，对方能够提供正规发票，也可以直接计入"主营业务成本"。煤气，可以计入"营业费用——燃气费"。

②购入的酒水、饮料，如果有库房，可以先计入"库存商品"，等卖出后，结转成本。如果有香烟的销售资格，核算方法同前；如果没有，部分的收入、成本的处理要符合营业执照的经营范围。

③厨师的工资计入"营业费用——工资"，不能计入成本。服务人员的工资也可以计入"营业费用——工资"，其他管理人员，计入"管理费用——工资"。一般情况下，工资要先计提。

④装修费计入"长期待摊费用"，摊销年限参考租赁合同年限。

⑤入库时：

借：主营业务成本／原材料／库存商品

　　贷：应付账款——××公司

付款时：

借：应付账款——××公司

　　贷：银行存款／现金

不管对方是什么样的单位，都应要求对方提供正规发票，如果没有，相应的材料不能计入成本费用。

2）盘存记录

①平时记收入（分类：菜品、酒水、香烟等），费用分部门记就可以了，月底汇总销售成本，提折旧、提税、出报表、买发票等。

②购买蔬菜、调料等制作间的用品，根据票据及验收单入账：

借：原材料

　　贷：现金（或银行存款）

③根据制作间领料出库单入账：

借：营业成本

　　贷：原材料

④月底将制作间剩余材料盘点，根据盘点表入账：

借：营业成本（红字）

　　贷：原材料（红字）

⑤结转成本（营业成本本月实际发生数－月末盘点数）：

借：本年利润

　　贷：营业成本

⑥下月初，将上月盘点表剩余材料计入下月账中（上月盘点红字金额数）：

借：营业成本

　　贷：原材料

餐饮业缴纳的税金为营业税，故：

$$损益 = 营业销售额 - 营业费用（材料 / 工资 / 费用 / 其他杂费等）$$

取得营业收入时：

借：现金 / 银行存款

　　贷：主营业务收入

购买材料 / 支付工资以及其他费用时：

借：营业费用——二级科目

　　贷：现金

月末结转成本费用时：

借：本年利润

　　贷：营业费用

月末结转营业收入时：

借：主营业务收入

　　贷：本年利润

结转本年利润盈利时：

借：本年利润

　　贷：利润分配

亏损时：

借：利润分配

　　贷：本年利润

下月初去税务局报税，是以利润 × 相应税率申报缴纳。

 思考题

1. 什么是采购？

2. 采购的方法有哪些？

3. 什么是食品验收？

4. 食品验收的方法有哪些？

5. 原材料管理的方法有哪些？

6. 库房管理需要注意哪些方面？

项目 **6**

厨房设备使用与维护

任务1 厨房常用设备的使用

6.1.1 厨房加工设备的使用

1）和面机

使用和面机前，应将定位插销插牢，使面斗口朝上，推开面板加入面粉，把开关扳至正转，一边和面一边加水，水加至适量后盖上面板和面 6 ~ 10 分钟。然后关闭开关，将面板打开，拔出定位插销，将面斗口朝前反倒，将定位插销固定好，反转取面。

①机器在正转和面时，如要反转，需要停机后，再重新启动，否则容易损坏机器齿轮。

②使用和面机时，要按规定容量使用，严禁超载使用。如果突然停机或故障停机，要先切断电源。

③冬季使用和面机时，要先空转 5 分钟再使用，这样对机器有保护作用。

④使用和面机时，严禁将手伸入面斗查看和面情况，以防事故发生。

⑤使用完毕，应关闭电源并清理干净。

和面机如图 6-1 所示。

图 6-1　和面机

2）压面机

①开机前，先向两侧油孔加 1 ~ 3 滴油。

②操作时，严禁戴任何手套，以免造成损伤。

③食料要自行前进，严禁强制推行。

④要选择合适的间距进行压面。

⑤下班时要及时关闭电源。

压面机如图 6-2 所示。

3）搅拌机

①逆时针旋松机头锁紧手柄，慢慢抬起机头直至需要位置，再顺时针旋紧机把，机头便可固定。放下机头时，先用手扶住机头，逆时针旋松机头锁紧手柄，慢慢放下机头，放到固定位置后，顺时针旋紧手把。

图 6-2　压面机

②将搅拌缸放在机座上，旋紧固定。

③将搅拌器装入机头固定在螺杆上，向内推并向左旋转（顺时针方向旋转）即可固定搅拌器于机头上。拆下搅拌机时，反方向旋转搅拌器。拆装搅拌器时，应用手扶着，以免搅拌器不慎落下伤人或损伤机器。

④使用时，接上电源，打开开关即可。旋转速度控制钮，选择合适速度，顺时针快，逆时针慢。开机前，请先调整到 0 位以下。

4）豆浆机

①使用豆浆机前，检查容器内部卫生。

②先通上电源，再将泡好的豆制品放入容器内。

③在机器运转过程中，不断加入少量水，加水不能太急，才能保障豆浆质量。

④使用完毕，立刻关闭电源。

⑤对容器内残留物进行清理时，不能用水管冲洗，要用少量水进行清洗，以免电机进水烧坏电机。

⑥机器要存放在干燥处，不能存放在潮湿的地方。

5）果汁机

①使用前，检查容器的内部卫生。

②将准备好的去皮的水果切块放入果汁机内。

③选择好合适的挡位，按下开关。

④果汁形成后，立刻关闭电源。

⑤果汁机一次连续运转不能超过30秒，否则容易烧坏电机。

⑥使用完毕，做好机器内外卫生，保持清洁。

6）切片机

①将电源插头插到与之相匹配的插座上，插座PE插孔应有良好的接地线。

②开机前，观察载肉台内有无杂物，与载肉台是否有相撞的可能，确认无误后，打开开关启动机器。使刀先转动，刀运转正常且没有摩擦的声音时，再启动载肉台。将离合器手柄拉向右端，停止载肉台运动。关闭开关，将载肉台推到护刀盘处。

③厚度调整。初设肉片厚度（刀刃和托肉板之间的高度即切片厚度），顺时针转动厚度调整手柄，肉片减薄，逆时针转动厚度调整手柄，肉片加厚。由薄调厚时注意消除传动间隙，其方法是逆时针转动调整厚度手柄将厚度多调整一些，再顺时针转动调整厚度手柄将厚度调到需要的厚度；由厚调薄时可以直接顺时针转动调整手柄调到需要的厚度即可。

切片机如图6-3所示。

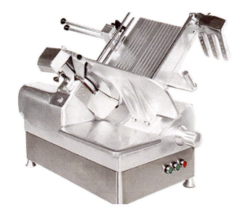

图6-3 切片机

7）大蒜（生姜）切片机

①接通电源，打开启动开关。

②将物料放入进材料口（连续加入）。

③将成品从出料口取走。

④关机。

⑤清理机械。

6.1.2　厨房冷冻、冷藏设备的使用

1）冰箱

①合理调节箱内温度，冷藏室 3 ~ 5 ℃，冷冻室 −10 ~ −7 ℃。

②合理存放食品，存放量为电冰箱容积的 80%。

③不可将热食物直接放入冰箱内，待冷却后方可放入。

④不可将变质的食物放入冰箱内。

⑤冰箱内的食物要摆放整齐，物品之间要有间隙，以免影响储存效果。

⑥食物的拿取要有计划性，要及时关闭冰箱门。

2）冷藏展示柜

①根据实际情况，合理调整设定温度。

②食品要摆放整齐，每次放入食品时，要保证食品新鲜无变质。

③每天餐后，要及时将食品收回，并存放。

④每天餐后，将设备门帘拉下，关闭照明灯，以免造成能源浪费。

⑤发现灯具损坏或机器故障，应及时报修。

3）冷库

①库内存放食品间距要适当，便于盘点、出入库等操作。

②食品出入库的动作要快，尽量减少热损失。

③库内食品摆放整齐并归类，食品之间要有空隙。如果是带有包装的食品，应尽量将包装去掉，以保证食品质量。

④冷藏库温度一般设置在 5 ~ 10 ℃，冷冻库温度一般设置在 −15 ~ 5 ℃。

⑤冷藏要采用专人管理，非冷库管理人员严禁操作冷库。

6.1.3　厨房加热设备的使用

1）蒸箱

①使用前，先检查水位，然后打开鼓风机。

②先打开气阀，点燃引火器，然后打开火种阀并点燃，关闭引火器，再打开风火阀并调到最佳，最后将火种阀关闭。

③使用完毕，应先关风火阀，再关总气阀，风机断电。

④使用时，蒸箱门要轻关轻开。

2）炉灶

①接通电源，启动风机。

②检查并确认设备上所有燃气阀门均处于关闭状态，打开燃气主管路阀门。

③打开点火棒燃气旋塞，用明火将其点燃。

④将点火棒火种对准燃烧器头部中心，打开炉灶火种（长明小火）燃气阀门，待火种被点燃后，随即关闭点火棒燃气旋塞将点火棒熄灭。

⑤打开燃气阀门，点燃燃烧器（大火），即可开始工作。

⑥如短时间内停止工作，只需将燃气阀门关闭，保留火种。断续工作时，再次将燃气阀门打开即可。

⑦工作中可调整燃气阀门开启量的大小来控制火力强弱。

⑧工作完毕，关闭所有燃气阀门，并关闭风机电源。

3）微波炉

①将需要加热的食品放入容器内，关闭炉门，打开电源。

②加热食物时用专用容器盛放，非专用容器容易造成微波炉损伤。

③微波炉上方严禁放置任何东西，否则会影响散热，造成安全隐患。

④微波炉不能空转，否则会对微波炉造成很大的损坏。

⑤根据食品不同设定所需时间，使用时人最好在旁边，发现问题马上关闭电源。

⑥要用玻璃器皿做容器，不能用金属器皿。

⑦密封食品要打开包装加热。

⑧不能用于煮鸡蛋类的食物。

⑨如果遇到加热不当起火，不要开门，关闭电源即可。

⑩使用完毕，先清扫残渣，再关闭电源。

4）开水器

①上班开启，下班关闭。

②开水器不能用于客用水及员工用水。

6.1.4　厨房其他设备的使用

1）排烟机

①每天在开灶前开启，关灶后 30 分钟关闭。

②风机的开启和关闭要由专人负责。开启时，手要保持干燥，启动按钮，运行指示灯正常；关闭时，电源指示灯正常。

③开启后，注意风机运转声音。如果发现异常，应马上停机并报工程维修。

④关闭时，要确定风机已停。

2）运水烟罩

①每天在开灶前开启，关灶后关闭。

②打开后，注意观察开水泵压力变化是否正常，水槽内是否正常喷水，如果没有水喷出，要立即关闭报修。

③在运行过程中，要注意观察设备的运行情况，检查设备进水、出水、排水是否正常。如果发现异常，要及时报修。

④每次出完菜后，要将运水烟罩关闭断电。

运水烟罩如图6-4所示。

图6-4 运水烟罩

3）真空机

①使用前，检查机器密封条是否完好。

②选择需要的挡位、温度、时间。

③先将包好的食物平衡地放入机器加热密封处，没有皱褶且固定好，再用力按下机器顶盖即可。

④在运行过程中，发现异常或异味要及时断电报修。

⑤每次使用时，只能同时放两袋食品，以免影响效果。

⑥真空抽吸好时，机器自动停止。

⑦机器用完后，关闭电源，做好清理工作。

真空机如图6-5所示。

图6-5 真空机

4）分体空调

①使用前，先确定使用电压是否在铭牌标定电压的±10%以内。

②合理调节设定温度，夏天（24±2）℃，冬天（26±2）℃。

③出风格栅的方向要平吹或斜上吹，不可向下吹，以免造成温控器误动作。

④空调要由指定的人员操作和管理。开启空调时，要关好门窗，防止能源浪费。

5）制冰机

①每天上班开启，下班关闭。

②运行过程中，要注意观察机器的运行情况，如果发现问题，应及时报修。

③运行时，及时查看出冰是否正常。如果有异常，应及时报修，制冰机只限客人使用，严禁员工使用。

④使用制冰机盖板时，应轻拿轻放。

⑤当出现异常噪声或控制异常时，应立即报修。

⑥设备故障或断电停止运转时，等待3分钟后方可启动。

6）水龙头

①水龙头为左热右冷。

②开启时，轻关轻开。

③缓慢调取混合水，保证水温无突然变化。

7）洗碗机

①送电前，检查机器内有无杂物。

②送电后，检查机器是否自动加水。

③机器加满水后，将自动加热。

④打开运输器开关，机器将进入运转状态。

⑤将装好的餐具推入机器内，进入自动清洗程序。

⑥清洗过程中，观察喷头喷水情况。

⑦查看喷水温度是否符合设定温度。

⑧餐具分类摆放整齐，不能挤压。

⑨机器用完后，将水放掉，清理机器内部残渣，并做好清洁卫生。

洗碗机如图6-6所示。

图6-6 洗碗机

8）消毒柜

①将洁净的餐具有序放入层架上，尽量擦干餐具。

②餐具下方要有接水盘。

③餐具要分类存放，将开关调到自动挡即可。

④存放毛巾要拧干放入容器内，根据需要设定好温度。

⑤如需保温，将开关调到保温挡即可。

任务2 厨房常用设备的维护保养

6.2.1 厨房加工设备的基本维护

1）和面机

①每次使用完毕，要将机器内部和外部清理干净。

②清理时，严禁用水冲洗设备，否则容易造成设备损坏。

③每月要对机器机械部分进行检修，对齿轮箱进行检查，检查是否缺油，检查联动皮带有没有松动，检查螺丝有没有松动。

④每季度对电器部分进行检修，检查控制部分有没有脱落、变色或损坏现象。

2）压面机

①使用完毕后，要对滚轴等机器设备进行清扫，使设备内部和外部都清洁、干净，没有残渣。

②开机前要加油。

③每两个月对机器内部加油一次，检查机器磨损情况。

3）搅拌机

①每次使用完毕后，先用软性清洁剂将搅拌器及搅拌桶清洗并擦干，再用拧干的湿布擦拭，严禁用水冲洗。

②机器不用时断电，机器不能存放在潮湿的地方。

③每个季度都应对机器内部进行保养检修。

4）豆浆机

①每次使用完毕后，要进行清扫，保持机内机外清洁。

②每次使用完毕后，要清理过滤网并保持干净。

③发现豆浆机运转声音不正常，要及时断电报修。

④每个季度对电机进行一次绝缘检测。

5）果汁机

①每天保持机器清洁。

②清理时，不能用水冲洗。

③清理时，要注意防护，以免利器划伤手。不能用硬物清理刀头，以免造成损伤。

④不能用硬物清洗，以免造成划痕，滋生细菌。

⑤每个季度都要对电机轴承进行维护。

6）切片机

①每次使用完毕后，要进行清扫，保持机身清洁。

②每次使用完毕后，要清洗刀片并保持干净。

③定期向电机加油孔添加机油。

④检查电源线有无破裂，机体有无漏电现象。

7）大蒜（生姜）切片机

①定期检查电源线有无破损，如有破损，应及时更换。

②检查电机开关，确保开关处于良好的状态。

③机械使用完后及时清理刀片，随时检查，如有损坏，应及时更换。

6.2.2 厨房冷冻、冷藏设备的基本维护

1）冰箱的保养技巧

（1）定期清扫压缩机和冷凝器

压缩机和冷凝器是冰箱的重要制冷部件，如果有灰尘会影响散热，导致零件使用寿命缩短，冰箱制冷效果减弱。所以，要定期检查它们是否脏了，脏了就要清扫。当然，使用平背式冰箱不需要考虑这个问题。因为挂背式冰箱的冷凝器、压缩机都裸露在外面，极易沾上灰尘、蜘蛛网等，而平背式冰箱的冷凝器、压缩机都是内藏的，不会出现以上问题。

（2）定期清洁冰箱内部

①应定期对冰箱进行清洁（每周1次）。清洁冰箱时，先切断电源，用软布蘸上清水或洗洁精，轻轻擦洗，然后蘸清水将洗洁精拭去。

②为防止损害箱外涂复层和箱内塑料零件，请勿用洗衣粉、去污粉、滑石粉、碱性洗涤剂、开水、油类、刷子等清洗冰箱。

③箱内附件肮脏积垢时，应拆下用清水或洗洁精清洗。电器零件表面应用干布擦拭。

④清洁完毕后，将电源插头牢牢插好，检查温度控制器是否设定在正确位置。

⑤如果长时间未使用冰箱，应拔下电源插头，将箱内擦拭干净，待箱内充分干燥后，将箱门关好。

2）冷藏展示柜

①保持展示柜干净、清洁、无异味。

②如果发现壁内有水珠，应及时擦拭。

③设备清理不能用水冲洗，要用没有腐蚀剂的抹布将机器内的水分擦干，以免滋生细菌。

④每月对控制机组、控制箱进行一次检查，检查接点、自动控制状态。

3）冷库

①每次进出物品都要清理干净，确保冷库内外卫生。

②每周对冷库进行清扫，确保库内卫生，严禁用水冲洗库内，否则，会造成库体损伤。

③库内货架要摆放整齐并保持干净卫生，随时观察库内结霜情况。结霜超过1厘米时要进行人工除霜或自动除霜，严禁用硬物除霜造成冷库损坏。

④夏季每月、冬季每季度对机组进行除尘，确保制冷效率。

⑤每季度对机组自动控制进行检查。

6.2.3   厨房加热设备的基本维护

1）蒸箱

①每天使用完毕后，将蒸箱内的残渣清扫干净。

②使用完毕后，将设备内外擦拭干净。

③每天下班前，检查气阀是否关闭。

④每两周排一次水并除垢。

⑤使用前，必须检查水位。

⑥每周对蒸箱补水，并对箱内油垢进行清理。

2）炉灶

①每天使用完毕后，清扫残渣。

②清理残渣时，要将杂物清出，严禁将杂物冲入下水道造成堵塞。

③清理残渣时，不能用水冲洗炉灶，以免使水进入煤气管道内，造成管道腐蚀或炉膛爆裂。

④严禁无人点火。

⑤下班后，检查总阀。

3）微波炉

①每次使用完毕后，清扫残渣。

②不能用有腐蚀性的清洁剂清理。清理时，炉内油污一定要清理干净，以免影响效果。

③微波炉不宜在高温条件下或其他热源旁边存放。

4）开水器

①每天上班前，清理干净开水器。

②每天下班前，清理干净接水盘。

③下班断电。

④每个季度对开水器除垢。

6.2.4   厨房其他设备的基本维护

1）排烟机

①每周对引风机清洗、除油垢一次。

②每天下班对排烟罩进行清洗，清除表面油垢。

③每半年对烟罩内部和风机内部除油垢一次。

④每月检修传动联动连接状况，检修电机接线、控制部分。

2）运水烟罩

①每天下班后，安排专人对机器内部油垢进行清除。

②下班前，对机器表面和内部进行清理，保持机器清洁卫生。

③每月清洗一次排污槽。

④每天清洗一次顺水板。

⑤每半年清洗一次管道和喷嘴。

⑥严禁无人运行。

3）真空机

①每次使用前，对机器进行检查，检查密封、真空油、加热条继电器部分。

②每次使用完，将机器内的残渣清理干净。

③每次使用完，将加热条上的油垢清除并擦拭干净。

④每次使用完入库前，对设备进行一次全面维护保养。

4）分体空调

①投入使用前，应彻底清扫、检查机器内有无纸屑、灰尘。

②每月清洗一次室内机空气过滤器及冷凝器。

③每周清洗一次机壳、面板。

④长期不用，要对空调进行干燥处理。处理方法：先将遥控器设定为"暖风"，让风扇运转 3 ~ 4 小时，然后关掉风机，断电。

⑤每月检查一次控制系统。

5）制冰机

①每周清洗一次散热器过滤网。

②每周检查一次供水。

③每天下班后，将机器内外部擦拭干净，保持机身干净卫生，擦拭机器要用干净抹布，严禁用有腐蚀性的抹布擦拭。

6）水龙头

①每天清洗。

②发现松动、漏水应及时报修。

③用专用清洁剂清洗。

④每年对水龙头过滤网进行一次清洗。

7）洗碗机

①每天使用完毕后，要清理干净机器，保持机器内外清洁卫生。

②每个季度对电气控制系统进行检修，检查控制节点。

③每个季度对加热器进行除垢，提高加热效率。

8）消毒柜

①每次使用完毕后，用软布擦干，柜内不能有水渍。

②清洁时，要先断电。

③使用过程中要有人看守，发现问题应及时关闭电源。

④器具及毛巾要尽量控干再放入容器内。

⑤根据需要的温度设定。

⑥消毒柜消毒时，不能开门。

⑦每个季度要对线路进行检查。

思考题

1. 简述台式天然气灶的使用方法。

2. 简述压面机的正确使用方法。

3. 分体式空调的使用步骤和注意事项有哪些？

4. 简述厨房设备保养的重要性。

中央厨房运营管理

【教学目标】

知识目标

　　了解中央厨房的定义、作用。

　　掌握中央厨房的工作流程。

　　了解中央厨房的组织结构和生产管理。

能力目标

　　掌握中央厨房的构成元素，熟悉常用设备的使用。

　　能够根据实际情况，模拟设计中央厨房。

素养目标

　　正确认识中央厨房在企业生产中的作用，加强对中央厨房重要性的理解。激发学习兴趣，创建学生的空间布局能力，进入学习情境。

任务1　中央厨房概述

7.1.1　中央厨房的概念、主要功能和工作流程

1）中央厨房的概念

中央厨房是一种由设备设施、硬件系统和管理软件系统组成的，进行量化生产的工业

化、多元化的食物加工系统及运营模式。它体现了集团化采购、标准化操作、集约化生产、工厂化配送、专业化运营和科学化管理的餐饮业发展特征。在产品品质管控、资源综合利用、食品安全保障和环境保护等方面的作用已受到业界一致认可。建设中央厨房的优势在于通过标准化、技术分解、流程化，减少单店厨房用工数量，把复杂劳动分解为简单劳动，大幅降低厨房人力资源费用。中央仓储加工配送程度越高，单店厨房、仓储、办公等面积越节省，房租费用越低。同时，还能减少单店厨房的设备投入，增加门店的环保指数，减少餐厨垃圾和油烟扰民，便于利用先进的环保处理工艺集中处理废料与废弃油脂，降低能源消耗。中央厨房将成为餐饮企业新的利润源。

2）中央厨房的主要功能

①集中采购功能。中央厨房汇集各连锁店提交的要货计划后，结合中心库和市场供应部制订采购计划，统一向市场采购原辅材料。

②生产加工功能。中央厨房要按照统一的品种规格和质量要求，将大批量采购来的原辅材料加工为成品或半成品。

③检验功能。对采购的原辅材料和制成的成品或半成品进行质量检验，做到不符合原辅材料不进入生产加工过程，不符合的成品或半成品不出中央厨房。

④统一包装功能。在中央厨房内，对各种成品或半成品进行一定程度的统一包装。

⑤冷冻储藏功能。中央厨房需配有冷冻储藏设备，一是储藏加工前的原材料，二是储藏生产包装完毕，但尚未送到连锁店的成品或半成品。

⑥运输功能。中央厨房要配备运输车辆，根据各连锁店的要货计划，按时按量将产品送到连锁门店。

⑦信息处理功能。中央厨房合格连锁店之间有电脑网络，及时了解各连锁店的要货计划，根据计划组织各类产品的生产加工。

3）中央厨房的工作流程

中央厨房生产控制是对生产质量、产品成本、制作规范3个流程加以检查指导，随时消除一切生产性误差，保证达到预期的成本标准，消除一切生产性浪费，保证员工都按制作规范操作，形成最佳的生产秩序和流程。

①制订标准化菜单。

②实现产品规格化，包括加工规格、配份规格、烹调规格。加工规格主要对原料的加工规定用量要求、成形规格、质量标准；配份规格是对具体菜肴配制规定用量品种和数量；烹调规格是对加热成菜规定调味汁比例、盛器规格和装盘形式。每种规格都制成文字表格，张贴于工作处，随时对照执行，使每个参与制作的员工都明确自己的工作标准。

③按生产流程程序化，每一道流程生产者，对上一道流程的食品质量实行严格的检查控制。不合标准的要及时提出，帮助前期程序纠正，使产品在整个生产环节都受到监控。

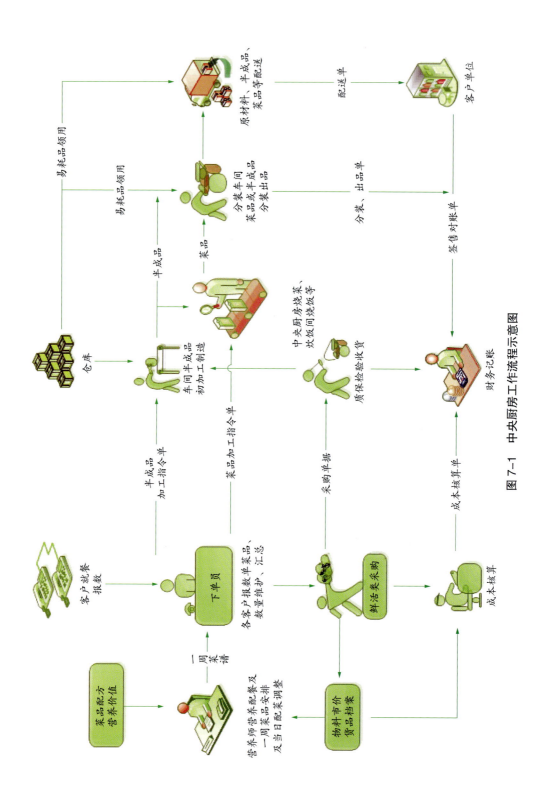

图 7-1 中央厨房工作流程示意图

④厨房的生产分工，实行责任控制法。每个岗位都承担着一个方面的工作，岗位责任要体现生产责任。首先，每个员工必须对自己的生产质量负责。其次，各部门负责人必须对本部门的生产质量实行检查控制，并对本部门的生产问题承担责任，把好菜品质量关，对菜肴产品的质量和整个厨房出品的稳定负责。

⑤管理好容易出现生产问题的环节或部门，作为控制的重点，逐步杜绝生产质量问题，不断提高生产水平，向新的标准迈进。中央厨房工作流程示意图如图 7-1 所示。

7.1.2　中央厨房工作组织结构

中央厨房应建立明确的岗位分工，将人员进行科学的组合，使每项生产都由具体的人员直接负责。对岗位规定工作职责、组织关系、技能要求、工作程序和标准，使岗位的每个员工都明确自己在组织中的位置、工作范围、工作职责和权限，知道对谁负责，接受谁的督导，同谁在工作上有必然的联系，知道工作要承担的责任。中央厨房组织结构示意图如图7-2 所示。

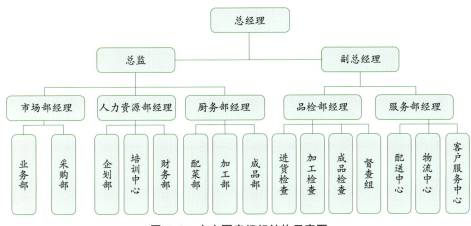

图 7-2　中央厨房组织结构示意图

任务2　中央厨房生产管理

7.2.1　中央厨房生产流程

中央厨房生产流程是指对厨房菜点的整个生产、加工、制作过程进行有效、有计划、有组织、系统的管理与控制过程。厨房任何菜点的出品都需要经过很多的生产工序。虽然菜点品类较多，其加工的工艺流程有所区别，但总体来说是大同小异的。从宏观上看，厨房生产流程示意图如图 7-3 所示。

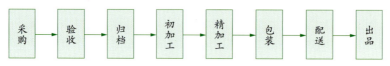

图 7-3　厨房生产流程示意图

7.2.2　中央厨房管理注意事项

1）抓好采购进货关

采购进货是餐饮生产的第一个环节，也是成本性的第一个环节。由于原料种类繁多、季节性强、品质差异大，其中进货质量又直接与原料的净料率有关，因此采购进货对降低餐饮成本有十分重要的影响。厨务人员应按照一定的采购要求科学地进行采购，如品质优、价格合理、数量适当、到货准时、凭证齐全等。

2）加强储藏保管

储藏保管是餐饮成本控制的重要环节。如果储藏保管不当，会引起原料变质、丢失或损坏，造成成本的增加和利润的减少。因此，必须做好原料的储藏和保管工作。原料购进后，应根据货品的类别和性能，分别放入不同的仓库，在适当的温度下储存。根据原料的储存特性，一般分为两类：一类是可以长期储存的原料，如粮、油、糖、罐头、干货等；另一类是不宜长期储存的鲜货原料。对于第一类，要根据原料的分类和质地特点分别存放，注意通风和卫生，防止霉烂、变质、虫蛀和鼠咬。对于第二类，通常不要入库储存，应直接由厨房领用。这类原材料时效性大，要特别注意勤进快销，以保证货品新鲜。此外，要建立各项储存保管制度，仓库或保管部门必须做到准确记账、严格验收、及时发料、随时检查、定期盘点。

3）提高操作水平，控制原材料成本

一方面，要提高加工技术，搞好原料的综合利用。在初加工过程中，应严格按照规定的操作程序和要求进行加工，达到并保持应有的净料率。其中，对初加工过程中剔除的部分应尽量回收利用，降低原材料的成本；在切配过程中，应根据原料的实际情况，做到整料整用，大料大用，小料小用，以及对下脚料的综合利用。严格按照产品事先规定的规格、质量进行配菜，既不能多配或少配，也不能以次充好。不能凭经验随手抓，力求保证菜品的规格和质量。另一方面，提高烹调技术，保证菜品质量。在烹调过程中，应严格按照产品相应的调味品用量标准进行投入，这不仅使产品的成本精确，更重要的是保证产品的规格、质量的稳定。提倡一锅一类，专菜专做。严格按照操作步骤操作，掌握好烹制时间和火候，提高烹调技术，合理投料，力求不出或少出废品，把好质量关。在烹调过程中，还应节约燃料，以便有效地降低燃料成本。

4）中央厨房人事管理

人事管理是个复杂的过程，除了人员招聘、职权划分、机制监管，还应注重对人员的职业道德、素质要求及业务考核。一名厨师不仅要具有高超的厨艺，还应具有良好的文化素质，更应具有高尚的职业道德和个人修养。没有道德的约束，就会失去行为规范，就不会积极向上，更不会有所作为。培养高尚的职业道德，是每个厨师走向成功的必由之路。首先要做到爱岗敬业，在工作上兢兢业业、一丝不苟，在学习上勤奋努力、刻苦钻研，在人格修养上谦虚谨慎、虚心好学、谦和待人、刻苦钻研，始终把消费者的身体健康和要求摆在第一位，满腔热情地为消费者服务。在对人员进行业务考核时，采用严格的考核制度，以此作为升迁加薪的参考依据。这样做目的是保持企业活力，搞好竞争环境，对好员工进行奖励，对差员工进行处罚或辞退。只有这样，才能使企业在激烈的市场竞争中生存下来。在对人员的人事管理中，注意科学合理地设置管理人的考核办法，切实加强职工道德教育，进一步强化员工的主人翁意识，使人事管理走上一个新的台阶。

资料来源：任务2内容参考抖音视频账号@央厨研究所：餐饮企业管理人必学知识：中央厨房的工作流程是怎么样的？

 **思考题**

1. 中央厨房的功能有哪些？
2. 简述中央厨房的工作流程。
3. 中央厨房工作流程有哪些？
4. 简述中央厨房管理的注意事项。

火锅店厨房安全管理

【教学目标】

知识目标

了解厨房安全管理制度。

掌握厨房用具、设备、燃气等方面的安全操作及管理。

学会预防和处理操作中发生的意外事故。

厨房事故的预防及事故发生后的应急处理。

能力目标

加强对厨房安全管理的思想意识。

能够正确使用各种用具及设备，预防安全事故的发生。

素养目标

正确认识厨房安全的重要性，克服主观麻痹意识，强化安全意识。

掌握对各种厨房设备科学的管理方法，加强工作程序的规范化、科学化。

任务1 炉具、液化气安全管理

炉具的安全操作如下：

①使用液化气炉具时，使用前要检查输气胶管接口是否完好、牢固和漏气。如果发现漏气，应停止使用并通知后勤部门处理。点燃炉具时，应先点火后开气，切勿先开气后点火。

使用中，做到人离气关；下班后，要关好电器开关，关牢气阀，熄灭火种。

②炉具使用期间，排风、排烟系统必须正常使用，以保证厨房区域无液化气残留，保持空气清新。不使用液化气时，阀门必须保持关闭，并由专人保管，建立防火安全管理制度。

③开餐前，要清洗灶台、炊具油污，定时清洗厨房。热油开炸时，人不得离开炉头，要注意控制油温，防止油锅着火。

④调节风门时，需对火焰进行调节，使火焰呈蓝色。如果火焰发红或冒烟，说明进风量小，应调大风门。如果火焰发生回火，应马上关闭开关，调小风门再点火，并调节风门，使燃烧火焰正常。

⑤煤气灶具应在设计良好的厨房中使用，并远离易燃物品，要求其布局在不易燃烧的物体上，如水泥板、石板、铁板等。

⑥有的煤气灶使用时间长了，电打火不好用，就用打火机等引火，这样非常危险，不建议使用。如果非要用，一定要把握好时机和距离。

⑦点火时，应慢慢拧开炉灶出气开关，使用点火器点火。如果使用火柴点火，应先将点燃的火柴靠近炉灶出气嘴，再慢慢拧开开关。

液化气罐及管道安全：

①选择安全的煤气钢瓶。现在，很多煤气灶都有一定的历史。一般来说，煤气灶的寿命是8年，超过8年就不能再使用了。应每年检验煤气灶，有问题及时更换。如果换新的钢瓶，一定要查看检验期限，并附有检验合格的标志。

②液化气输气管必须是金属管，不能使用塑料软管代替。装置在室内时，应距离电源线30厘米以上。

③液化气罐及管道禁止安放在密闭空间。定期请专业人员对气瓶和管道进行检查和维护，防止其爆炸。

任务2 员工损伤与预防

8.2.1 烫伤与预防

烫伤主要是员工接触高温设备或器具时，防护不当引起的。

预防烫伤的主要措施：

①在烤、烧、蒸、煮等设备的周围，留足够的空间，以免因空间拥挤、来不及避让而烫伤。

②在拿取温度较高的烤盘、铁锅等工具时，手上应戴上安全防具，如防烫手套等。同

时，双手要清洁无油腻，以防打滑。

③在使用油锅或油炸炉时，特别是当油温较高时，不能有水滴入油锅，否则热油飞溅，极易造成烫伤。热油冷却时，应单独放置，并设有一定标识。

④在炉灶上操作时，应注意用具的摆放，炒锅、手勺、漏勺等用具若摆放不当，极易造成烫伤。

⑤在端离热锅时，要提醒其他员工注意避让，切勿碰撞。

⑥禁止在热源区域打闹。

8.2.2　扭伤、跌伤与预防

厨房地面潮湿、油腻，行走通道狭窄，搬运货物较重等原因，极易导致厨房工作人员扭伤或跌伤。

预防扭伤、跌伤的主要措施：

①工作区域和地面要保持清洁、干燥。油、汤及水洒在地面后，要立即擦掉，尤其是在炉灶操作区域内。

②厨师的工作鞋要有防滑性，不得穿薄底鞋、已磨损的鞋、高跟鞋、拖鞋及凉鞋。穿上鞋后，不能露出脚趾及脚后跟，鞋带要系紧。

③所有的通道和工作区域应没有障碍物，不要把较重的物品放在可能掉下来的位置，以免伤人。

④在厨房内，员工来回行走的路线要明确，避免交叉相撞。

⑤搬运重物前，首先估计自己是否能搬动，搬不动应请人帮忙或使用搬运工具。在用力时，不要骤然猛举，最好使用腿力来支撑，防止扭伤。

⑥搬运时，要防止身体部位被挤伤或压伤。

8.2.3　割伤与预防

割伤主要是使用刀具和电动设备不规范或不当造成的。

预防割伤的主要措施：

①要集中注意力，正确使用刀具。刀具等切割工具应保持锋利。在实际操作中，钝刀更容易伤手。

②操作时，不能用刀指东画西，不能将刀随意乱放，更不能拿着刀边走边挥动膀子，以免伤人。

③不要将刀放在工作台或砧板的边缘，以免震动时滑落伤人。

④清洗刀具时，要一件一件进行，不能堆放清洗。禁止拿着刀具打闹。

⑤使用有危险的设备时（如绞肉机等），必须先弄清设备防护装置是否到位。在没有学

会如何使用设备之前，不要随意操作。

⑥发现工作区域有暴露的铁脚皮、金属丝头或碎玻璃等东西时，应立即清理，以免伤人。

任务3 电器设备事故与预防、火灾的预防与灭火

8.3.1　电器设备事故与预防

员工违反安全操作规程或设备出现故障是引发电器设备事故的主要原因。

预防电器设备事故的主要措施：

①使用电器设备前，首先要了解其安全操作规程，并按规程操作。如未掌握安全操作规程，不得违章进行操作。

②设备使用过程中，如发现冒烟、散发焦味或产生电火花等异常现象，应立即停止使用，申报维修，不得强行继续使用。

③清洁设备前，要切断电源。当手上沾有油或水时，尽量不要去接触电源插头、开关等部件，以防触电。厨房员工不得随意拆卸、更换设备内的零部件和线路。

8.3.2　火灾预防与灭火

厨房设施和厨房环境的差异，常常存在液化气管道、柴油灶和煤炉灶并存的情况。厨房设施的不断更新，用火方式的不断变化，都增加了火灾发生的危险性。

预防火灾的主要措施：

①加大对厨房员工的消防安全教育，定期或不定期地对其进行培训，并制订相关的消防安全管理制度。

②减少柴油等容易积累油污的燃料。厨房中的燃气瓶应集中管理，与灯具、炉灶等明火或高温表面要有足够的间距，以防高温烤爆气瓶，引起可燃气体泄漏，造成火灾。

③厨房内使用的电器开关、插座等电器设备，以封闭式为佳，防止水从外面渗入，并安装在远离煤气、液化气灶具的地方，以免开启时产生火花将外泄的煤气和液化气引燃，导致火灾的发生。厨房内运行的各种机械设备不得超负荷用电。在使用过程中，应避免电器设备和线路受潮，以免引发火灾。

如果发生火灾，首先不能慌乱，其次要采取科学方法灭火。现介绍几种常用的灭火方法：

①冲水冷却法。将水直接喷射到燃烧物上，熄灭火焰，或将水喷到附近未燃烧的可燃物

上，使可燃物免受火焰的热辐射，避免燃烧。

②隔绝空气法。将灭火毯或不易燃烧的物品覆盖在燃烧物表面上，以隔绝空气将火熄灭。

③防止蔓延法。将火源附近的易燃物移走；形成隔离区阻止火势蔓延。

常见灭火器使用方法：

①提，一手抓住灭火器的把手提起灭火器。

②拔，另一手拔掉灭火器把手处的保险栓。

③握，站在火源上风口，一手握紧灭火器的喷头对准火源根部。

④压，按下灭火器把手开关，对准火源按压到火灭掉即可。

 **思考题**

1. 液化气的安全使用流程有哪些？

2. 液化气灶具使用时，应注意哪些问题？

3. 厨房伤害的预防措施有哪些？

4. 怎样避免在工作中受伤，并学会及时处理？

火锅店加盟方案

任务1　火锅店加盟概述

9.1.1　加盟定义

　　加盟是指两个企业之间的持续契约关系。根据契约，一方必须提供一项商业特权给另一方，并在人员培训、组织结构、经营管理、商品供销等方面提供无条件的协助。而另一方也需要向对方支付特许加盟费。

9.1.2　加盟特点

①有一个特许权拥有者，即为加盟连锁的盟主。

②盟主拥有特许权，特许权可以是产品、服务、营业技术、商号、标示，以及其他可以带来经营利益的特别力量。

③盟主和加盟者以合同为主要联结纽带。

④加盟者对其店铺拥有所有权，店铺经营者是店铺的主人。

⑤加盟者必须完全按照盟主的一系列规定经营，加盟者自己没有经营主导权。

⑥盟主有义务教给加盟者完成事业的信息、知识、技术等一整套经营系统，同时授予加盟期内加盟店使用店名、商号、商标、服务标记等一定的区域的垄断使用权，并在合同期内不断进行经营指导。

⑦加盟者要向盟主交付一定的费用，通常包括特许性加盟费、销售额或毛利提成等。

⑧盟主是纵向关系，各加盟者之间无横向关系。

9.1.3　选择火锅盟主的条件

加盟商选择加盟创业时，选择一个品牌知名度和美誉度较高的品牌企业加盟是成功的关键。一般来说，加盟商会选择具有 3 年以上运营管理经验，并具有连续实现赢利的商业模式，拥有 3 家以上的直营店，拥有独立法人的有限公司，拥有国家商标局、国家知识产权局正式注册的商标专利注册证书，已在国家商务部特许经营权备案，品牌具有独特的历史文化内涵，选择已正常存活 10 年以上、发展前景较好的品牌企业总部加盟风险较低。

9.1.4　选择火锅加盟商的条件

盟主选择加盟商，应考察加盟商的经济实力，因为优质的加盟商对盟主的品牌在某一区域提升影响力、赢得更多加盟商具有较大的作用，所以盟主会考虑加盟商在当地的社会关系、经营管理能力，在执行力方面严格要求加盟商执行总部对火锅汤底菜品质量的相关标准和店面统一装修，并接受总部的指导等。

9.1.5　加盟创业与自主开店风险

加盟一个成熟的火锅品牌创业投资风险相对较低，盟主拥有较高知名度的品牌资源，拥有较稳定的专有技术，拥有成熟运营管理经验的管理团队和人力资源，拥有中央工厂或中央厨房做后勤保障，产品质量更有保证。自主开店应有足够的资金，因为一个没品牌知名度的新店要得到市场的认可和接受，需要 1 ~ 3 年的培育期，通常称为高风险期，亏损的可能性较大，除正常投资外应增加原投资金额的 50% 作为备用金，以保障在新店培育期间的房租、工资的正常支付。一般来说，加盟已有的知名品牌创业成功率在 85% 以上，独自开新店的平均成活率仅为 30%，因此，自主开店的投资风险相对较高。

9.1.6　火锅企业加盟

1）加盟优势

（1）企业介绍

略。

（2）品牌优势

①产品的优势。

②超前的理念。

③完善的服务体系。

④出色的执行力。

⑤创新的风格。

2）加盟流程

①初步联系，确立基本意向。

②填写客户登记表，建立客户档案。

③预约面谈，双方介绍情况。

④加盟者提供必备资料，申请加盟。

⑤对加盟者进行考察与评估。

⑥选址确认经营地点、店铺面积等内容。

⑦签订加盟合同、装饰装修合同、物流配送合同。

⑧加盟者交纳特许经营权使用费、品牌保证金。

⑨协助加盟者制订经营方针、目标、计划。

⑩加盟店装饰装修、设备安装、员工聘用与培训。

⑪加盟商及主要管理人员到公司接受培训。

⑫加盟店提出开业申请并通过验收。

⑬试营业。

⑭正式营业。

⑮后续督导支持服务。

3）加盟支持

①选址支持。包括选址建议分析、市场分析、消费习惯分析、竞争对手分析等。

②装修支持。拥有专业的设计队伍，装修理念体现企业文化、地域文化等。

③培训支持。为加盟店提供相关的财务管理人员、大堂管理人员、厨房管理人员、技术人员、经营负责人的业务与技能培训。每年组织加盟商开展业务研讨会及新产品展示会。每年定期开办分店管理人员培训班，为分店提供持续性培训服务。

④筹备支持。为加盟店提供开业前的全程筹备跟踪服务，为分店解决开业前的盲目性操作等问题。

⑤后续支持。为加盟店提供开业支持与营销策划方案服务，帮助加盟店顺利经营。每年1～2次组织运营专员对全国加盟店进行巡视，现场解决分店现实问题。分店如有经营困难，运营中心督导支持并随时派遣督导员到现场提供帮助。

⑥手册支持。包括《××分店管理模式》《员工手册》、营销策划方案等。

⑦物流配送支持。包括底料配送、特色产品配送、宣传资料和促销品配送、原材料免费代购等。

⑧托管、联营。投资风险管控，你投资我护航，有效降低投资风险，收益共享。

⑨区域代理。一个区域设一个代理名额，资源独享，垄断经营。

⑩投资及回报分析。火锅店加盟投资要求及回报分析表如表9-1所示。

表9-1　火锅店加盟投资要求及回报分析表

城市级别	省会、直辖市、经济特区	地级市	县级市	县城
营业面积	约800平方米	约600平方米	约500平方米	约350平方米
装修费	约1 400元/平方米	约1 000元/平方米	约750元/平方米	约700元/平方米
设备费	约800元/平方米	约700元/平方米	约650元/平方米	约600元/平方米
广告费	约8万元	约5万元	约3万元	约2万元
总投资	约240万元	约150万元	约110万元	约70万元
餐位	300位	240位	210位	150位
上座率	120%	120%	120%	120%
人均消费	约70元	约60元	约50元	约50元
年营业额	约900万元	约620万元	约450万元	约320万元
回报率	16～18个月	15～16个月	15～16个月	13～15个月

任务2　火锅店加盟方案

火锅店加盟方案详见表 9-2 加盟申请表。

表 9-2　加盟申请表

1）申请加盟区域概况

_____省（市 / 自治区）_____市（自治旗）_____县（盟 / 区）　　　人口_____

面积_____

2）申请加盟者概况

（1）企业法人加盟填写

企业名称		企业类型	
注册地址		注册资本	
经营范围			
法定代表人		联系电话	
传真号码		电子邮件	
联系地址		邮政编码	
其他			

（2）自然人加盟填写

姓名		性别	
出生年月		身份证号码	
联系电话		传真号码	
电子邮件		其他联系方式	
联系地址		邮政编码	
从事职业		有无餐饮业经验	
经历概述			

3）预选店址情况调查表

	预选店址	临近预选店址的物业		
名称				
地址				
面积（平方米）				
租金（万元／年）				
租期（年）				
结论	预选店址租金是否低于市场同类租金价格水平：□是　　□否			
预选店址物业情况（结构、层高等）： 				
预选店址配套设施（水电、排风等）： 				
备注：可参考租金调查方法有以下几种，申请人可选择使用。 A.询问当地房产交易所　　B.实地访问被调查物业　　C.搜集当地媒体信息 D.房地产中介机构评估　　E.投资价格评估法				

4）市场调研

（1）商圈概况

商圈是指以预选店面为圆心，半径 1 千米或驱车 5 分钟能到达的范围内的消费圈。

学校	
社区	
百货零售业	
交通	
竞争对手分析（主要为当地火锅业经营状况，如数量、人均消费等）： 	

（2）商圈人流调查表（持续 1 周）

时间	星期一	星期二	星期三	星期四	星期五	星期六	星期日	合计
10:30—11:00								
11:00—11:30								
11:30—12:00								
12:00—12:30								
12:30—13:00								
13:00—13:30								
13:30—14:00								
14:00—14:30								
14:30—15:00								
15:00—15:30								
15:30—16:00								
16:00—16:30								
16:30—17:00								
17:00—17:30								
17:30—18:00								
18:00—18:30								
18:30—19:00								
19:00—19:30								
19:30—20:00								
20:00—20:30								
20:30—21:00								
21:00—21:30								
21:30—22:00								
22:00—22:30								
22:30—23:00								
总计								

（3）AC（客单价）预估：_____   TC（来客数）预估：_____

（4）日均营业额预估：_____

（5）商圈内人口数量、职业状况、年龄分布情况：

_____

_____

（6）商圈内潜在消费群体消费习性、生活习惯分析：

_____

_____

（7）商圈未来发展前景分析：

_____

_____

5）附件资料

（1）企业法人申请需提交的资料

①企业营业执照复印件。

②法定代表人身份证复印件。

③验资证明。

④预选店址内外照片。

（2）自然人申请需提交的资料

①身份证复印件。

②资产证明。

③预选店址内外照片。

6）资料提交渠道

（1）发送至电子邮箱：×××@×××.com

（2）传真：023-6256××××

申请日期：　　年　　月　　日

 思考题

1.加盟流程有哪些？

2.加盟谈判有哪些内容？

火锅成本构成与定价策略

【教学目标】

知识目标

　　掌握火锅成本的构成。

　　掌握计算火锅成本的方法。

能力目标

　　能够掌握火锅成本的构成和计算方法。

素养目标

　　掌握成本核算的基本知识，懂得火锅企业利润估算。

任务1　火锅成本

　　为什么有些火锅企业明明生意很好，但最终却赢利很少，甚至出现亏损的状况？虽然原因众多，但很大程度上与产品的价格以及成本的控制有着密切的联系，这会直接影响企业经营的好坏。本任务将为同学们解读火锅成本的核算。

　　火锅成本的计算公式如下：

　　火锅成本＝直接材料成本＋水、电、气成本＋人工成本＋折旧成本＋原材料损耗＋
　　　　　　　风险成本

10.1.1 直接材料成本

直接材料成本是指炒制火锅底料所需要的原材料（如辣椒、花椒、香料、色拉油、牛油等）成本。近年来，辣椒、花椒、色拉油、大蒜等农副产品价格上涨，每斤底料的净材料价格已接近 30 元。

10.1.2 水、电、气成本

根据实际测定，每炒制 1 斤火锅底料投入的水、电、气成本为 0.3 ~ 0.5 元。

10.1.3 人工成本

按一个火锅店的炒料师傅每月工资 3 000 元计算，每月炒 1 000 斤料，每斤人工成本为 3 元，炒 500 斤料，则每斤人工成本 6 元，以此类推。

10.1.4 折旧成本

折旧成本是指火锅店用于炒料而购买的设备设施的物品摊销。根据实际测定，每斤火锅底料应摊折旧成本为 0.1 ~ 0.3 元。

10.1.5 原材料损耗

原材料损耗是指原材料经购买、运输、贮存、蒸发、去皮、变质等过程实际重量与购买重量的差额。比如，购买了 1 000 斤火锅原料，真正用于炒制成火锅底料的材料只有 950 斤，而火锅底料炒制后的成品率为 85% ~ 90%。也就是说，如果炒料时投放原材料 100 斤，炒好底料后的成品料只有 85 ~ 90 斤。因此，每斤火锅底料应摊入损耗金额为 0.2 ~ 0.6 元。

10.1.6 风险成本

传统的火锅底料是由火锅店老板雇用炒料师制作完成的，但雇用炒料师存在以下风险：

①若炒料师本身只有"半罐水"，技术不精，炒出来的料不能使客人满意，会砸火锅店的牌子。

②采购人员、炒料师与供货商勾结，以次充好，炒出的底料不好；或者质好、价格高，增加了成本。

③火锅店生意一旦变好，炒料师会以各种借口（工作时间长、家里有事请假、父母生病

要回家照顾等）要求老板加工资。否则，轻则炒料兑锅乱来，得罪顾客，影响生意；重则一走了之，不辞而别，让老板措手不及。

④炒料师的个人素质。有的炒料师因为老板没满足他的要求，就趁人不注意把店里的油、鸡精、味精等往下水道里倒，这不是耸人听闻，确实发生过这样的事。比如一个炒料师自己开了个小店，结果他的店所用的原材料都不用买，直接在他工作的店里拿。

可以看出，在所有成本中，风险成本是最高的，而很多火锅店老板往往忽略了这点，没有详细进行成本核算。同时，由于老板自己不懂技术，就这样心甘情愿地让炒料师牵着鼻子走。

任务2　火锅原料成本构成

有一家中等规模的火锅店，生意非常好，上桌率达到 70%，按理说能赚很多，但是月底核算时，除去成本，一毛钱都没有挣到，请问是什么原因呢？

这里首先应弄清火锅原料成本的概念和火锅底料成本的基本构成。火锅原料成本包括 3 个部分：火锅底料成本、味碟成本、菜品成本。因此，在制作成本卡时，必须制作 3 个不同的表格。

10.2.1　火锅底料成本

制作火锅底料成本如表 10-1 所示。

表 10-1　火锅底料成本

火锅锅底	毛料重量	净料重量	毛料单价	成本	出成率
汤料					
火锅料					
干辣椒					
干花椒					
燃气					

按照表 10-1 就可以计算出每种菜肴的总成本：

$$总成本 = 主料成本 + 调料成本 + 辅料成本$$

例如，计算馋嘴大虾锅的成本如下：

主料：大白虾。净重：450 克（0.9 斤），单价：15.38 元 / 斤，出成率 100%，成本 $= \dfrac{0.9 \times 15.38}{100\%} \approx$

13.84（元）。

虾料即主要烹饪调料的净重量：400 克（0.8 斤），单价：6 元 / 斤，出成率 100%，成本 = $\frac{0.8 \times 6}{100\%}$ = 4.8（元）。

辅料：红油和丝瓜。红油用量 150 克（0.3 斤），单价：6 元 / 斤，出成率 100%，成本 = $\frac{0.3 \times 6}{100\%}$ = 1.8（元）；丝瓜重量 375 克（0.75 斤），净重量：250 克（0.5 斤），单价：1.5 元 / 斤，出成率 70%，成本 = $\frac{0.5 \times 1.5}{70\%}$ ≈ 1.07（元）。

调料 5 元，燃气 1 元。因为油盐酱醋等调料的分量很轻，所以只能估算，燃气成本则是按另外的方法计算。

馋嘴大虾锅的总成本 = 13.84+4.8+1.8+1.07+5+1=27.51（元）。

馋嘴大虾锅售价为 68 元，68 元（售价）–27.51 元（成本）=40.49 元（毛利）。用销售的毛利额（40.49 元）÷ 售价（68 元）= 销售毛利率（59.54%）。

火锅底料的销售毛利率接近 60% 即可，在计算火锅底料时，一定要严格按照这种方法去计算，才能得到较准确的结果。

10.2.2　味碟成本

小碗酱料种类众多，有金鬼料碟、小葱、海鲜汁、蚝油汁、辣椒油、葱姜汁、香油、蒜茸等，但是在北京最畅销的还是麻酱汁。

小碗的麻酱每天的销量非常大，制作麻酱汁比较复杂，原料有料酒、鱼露、韭菜花、香油、白醋、酱豆腐、广河腐乳、蚝油等。

麻酱的毛料：单价 5 元 / 斤，净重量 15 千克（30 斤），出成率 100%，成本 150 元。

鸡精：单价 10 元 / 斤，净重量 250 克（0.5 斤），出成率 100%，成本 5 元。

味精：单价 5.5 元 / 斤，净重量 250 克（0.5 斤），出成率 100%，成本 2.75 元。

十三香：1.5 元 / 盒，用 2 盒，成本 3 元。

桂花鸡汁：成本 3 元。

配方料：成本 73.36 元。

原材料成本：合计 237.11 元。

一桶麻酱汁可分 288 份，每份 4 元。售价 =288×4，总售价为 1 152 元。

毛利 =1 152–237.11=914.89（元）

销售毛利率 = $\frac{914.89}{1\,152} \times 100\%$ ≈ 79.42%

$$每份的利润 = \frac{914.89}{288} \approx 3.18（元）$$

小碗酱料的利润率比火锅汤料的利润率高。

在火锅企业经营中，菜品不在于大小，而在于毛利的丰厚；不在于厨师使用的原料有多高级，而在于厨师的技术水平如何。一个胡萝卜经过巧妙的处理，其售价有可能达到 1 000 元；一只龙虾，如果处理不得当，可能 100 元也无人问津。

10.2.3　火锅菜品成本

目前火锅在餐饮市场比较畅销，在京城的十大名牌火锅中，占主导的是重庆火锅。重庆火锅的菜品非常多，有的可达 200 种。茶树菇、仙草菇、竹笋、毛肚、牛蹄筋、羊肉卷、牛肉卷、黄喉、鸭血等，都是经常使用的原料。其中，羊肉卷最常见，应用得最广泛。

有的火锅店在一天的流水中，使用的羊肉卷可能占到菜品的 40%。假设羊肉卷单价为 15 元 / 斤，每盘的净料重量为 250 克（0.5 斤），羊肉卷的出成率为 80%。

计算羊肉卷的成本，可以用 $\dfrac{单价 \times 净料重量}{出成率}$：

$$成本 = \frac{15 \times 0.5}{80\%} \approx 9.38（元）$$

$$毛利 = 15 - 9.38 = 5.62（元）$$

$$销售毛利率 = \frac{5.62}{15} \times 100\% = 37.47\%$$

毛利率有高有低，毛利率平均在 48% ～ 55% 就有一定的利润空间。当然，还要考虑房租等因素。所有的火锅产品，都是按照这个公式进行计算的。如果使用了 100 种原料，因为各个原料的销售毛利率不同，如果要计算平均毛利率，就要把 100 种原料的毛利率加起来再除以 100。

任务3　火锅菜品定价策略

根据目前火锅业行情，中间毛利一般定在 50% 左右，小店可在 45% 左右，高档次店可在 55% ～ 60%。具体的价格定位可以根据当地情况而定。火锅菜品主要有以下定价策略。

10.3.1 毛利定价

这里的毛利应是综合毛利，不能将每个菜品都按规定毛利确定数量。需要注意的是，只有同品种、同档次的店才有可比性。如果没有可比的，在参考其他同类店的情况后，自己的定价也不要相差过大。

一个店的费用包括可变费用（如材料、水气、调料等）和固定费用（如工资、房租、电、生活费、住宿费等），可变费用可以理解为成本。毛利是事前定的（如我们把毛利定为50%），纯利是事后算出来的。一般来讲，蔬菜的毛利超过50%，而荤菜的毛利则要低一些，有的品种甚至达不到50%，所以只能考虑综合毛利。

如土豆进价 0.8 元/斤，每份菜调料价为 0.5 元，燃料费为 0.2 元，合计成本为 1.5 元。如果规定毛利为 50%，则这斤土豆的售价应为 3 元。如果收了锅底费（即调料费），那么还应将调料费减掉。通常，蔬菜的毛利一般会超 50%。以上是顺推法，也可用倒推法来定价。即先确定毛利率为 50%，如果一份带鱼定价为 8 元，则客人只能吃 4 元的东西（包括菜、调料和燃料费，若调料和燃料费共计 0.7 元，则客人只吃到 3.3 元的带鱼；若带鱼市场价为 9 元/斤，则顾客只能吃到 0.33 斤；若 0.33 斤带鱼装盘后显得太少，就应加量；有可能荤菜类会出现一些品种的毛利不足 50%，这是正常的。因此，对整个店来说只能考察综合毛利）。

10.3.2 以成本为中心的定价策略

以成本为中心的定价策略即根据火锅的成本来确定食品、饮料的销售价格。这种以成本为中心的定价策略通常使用两种不同的方法。

1）成本加成定价法

成本加成定价法是按成本再加上一定的百分比定价，这是最简单的方法。

2）目标收益率定价法

目标收益率定价法是先定一个目标收益率，作为核定价格的标准，然后根据目标收益率计算出目标利润率。在达到预计的销售量时，能实现预定的收益目标。

根据成本制订的价格，是火锅企业经营必须达到的价格，是火锅企业赔赚的临界点，如果低于这个价格，就会亏本。同时，运用以成本为中心的定价策略，由于只考虑成本单方面的因素，忽略市场需求和消费者的心理，因此不能全面反映企业的经营效果，有时会造成你赚不到能赚的、该赚的钱。所以，这种定价策略是一种最基本的定价策略。

10.3.3 以需求为中心的定价策略

这是根据消费者对商品价值的认识程度和需求程度来决定价格的一种策略。这种策略有两种不同的定价方法。

1）理解价格定价法

火锅店提供的食品、饮料以及服务、广告推销等非价格因素，使顾客对该火锅店形成一种观念，根据这种观念制订相应的、符合消费者价值观的价格。

2）区分需求定价法

企业在定价时，按照不同的客人，不同的地点、时间，不同的消费水平、方式区别定价。这种定价策略容易取得客人的信任，但并不容易掌握好分寸。

以需求为中心的定价策略是根据市场需求来制订价格。如果说以成本为中心的定价策略决定了火锅店产品的最低价格，那么，以需求为中心的定价策略则决定了火锅店产品的最高价格。在实际经营活动中，根据市场情况，可以分别采取以高质量、高价格取胜的高价策略；也可以采取以薄利多销来扩大市场、增加市场占有率为目标的低价策略；以及灵活采用的优惠价格策略：给客人一定的优惠，以争取较高的销售额和宣传推销本火锅店及加盟品牌。当然，这些策略并不是随意使用的，而是通过市场调研，根据市场需求决定的。

10.3.4 以竞争为中心的定价策略

这是一种以竞争者的售价为定价依据的定价策略。在制订菜品价格时，可以比竞争对手高一些，也可以低于竞争对手的定价，这完全依据自身的产品特点而定。这种以竞争为中心的定价策略既有按同行价格决定自己的价格，以得到合理的收益且避免风险的定价策略，又有"捞一把就走"的展销新商品的定价策略，还有因自己实力雄厚而采取的"变动成本"定价策略，即只考虑价格不小于原料成本即可，以确立自己在市场上的竞争地位。由于以竞争为中心的定价策略不以成本为出发点，也不考虑消费者的意见，因此，这种策略往往是临时性的或在特殊场合下使用的。作为火锅企业的经营者，必须深入研究市场，充分分析竞争对手，否则很可能制订出不合理的菜单价格。如果这样，就会出现两种结果，要么亏本出售，要么把消费者吓跑，而最终结果只有一个——你将"关门大吉"。

1. 简述构成火锅直接成本的因素。

2. 火锅成本包括哪些内容？如何计算？

3. 火锅菜品如何定价？

附录1　火锅职业资格标准（试行）

1　范围

　　本标准规定了火锅调配师的术语和定义、类别和等级划分、等级划分依据、管理原则及资质条件。

　　本标准适用于在各类火锅企业中从事火锅调配及相关工作的技术人员。

2　术语和定义

2.1　调配

将各种不同的食材和配料，经加工制作后，按不同口味组合成餐食的过程。

2.2　火锅调配师

全面、熟练地掌握火锅技术，从主要原辅材料的选用到火锅底料炒制、汤卤调制、火锅菜品加工以及味碟配制全过程的人员。

2.3　标准学时

按照小时为计时单位，学习满 1 小时即为一个标准学时。

3　基本要求

　　初级、中级、高级、二级、一级火锅调配师应当具备初中毕业及以上文化程度。

4 知识和技能要求

4.1.1 掌握相关卫生知识。

①食品卫生知识。

②操作卫生知识。

4.1.2 掌握本行业现行的法律法规、国家标准、行业标准。

4.1.3 掌握本职业岗位相对应的火锅调配专业技能知识。

火锅调配师职业资格标准（试行）

1 初级火锅调配师

1.1 能够进行原料初加工。

1.2 能够对常见植物性干货原料进行涨发。

1.3 掌握原料的分档与切割技术要求。

1.4 认识重庆火锅常见调料、香料的名称和性质。

1.5 会控制火候。

1.6 能够调配出多种风味的锅底，加工汤卤，掌握装盘的方法。

1.7 熟知食品贮存以及冷菜、热菜的加工要求和制作方法。

2 中级火锅调配师

2.1 除具备初级调配师的知识和技能外，还应掌握蔬菜、家禽、鱼类原料的加工方法和技术要求；腌腊制品、动物性干料的涨发加工；粮食制品预制加工。

2.2 熟知并掌握家禽原料的各部位名称及分割取料；刀具的种类和使用保养；刀法中的直刀法、平刀法、剞刀法的切割规格及技术要求。

2.3 能够进行原料调配和预制加工。

2.4 熟悉重庆火锅常见调料、香料的名称和性质。

2.5 掌握火锅菜肴的制作方法。

2.6 能够掌握味型的构成原理和调制方法；能调配出多种风味的锅底。

2.7 有一定的创研能力，传授技术，培养初级技术工人。

3　高级火锅调配师

3.1　能够对粮食制品预制加工；掌握贝类、爬行类、软体类、虾类、菌类的加工方法和技术要求；掌握高档干制原料的种类、特征、品质的鉴别方法、涨发方法和技术要求。

3.2　掌握家畜原料的分档、切割以及各种茸泥的制作要求。

3.3　熟悉重庆火锅常见调料、香料的名称和性质，并能灵活运用。

3.4　能够根据不同种类的火锅准确配制主料、配料，炒制底料；熟练掌握味型的构成原理和调制方法，能调配出多种风味的锅底，并能调制出相应的多品种味碟。掌握制作清汤、奶汤、浓汤等汤卤和菜品装盘的方法。

3.5　熟知火锅菜单的设计原则和方法、宴会菜单的结构设计原则和方法。

3.6　掌握火锅宴会用菜的组配；掌握餐盘装饰的构图方法和技巧、食品雕刻和保鲜保藏方法。

3.7　能够进行厨房管理，掌握厨房生产成本构成控制方法，制作成本报表；熟悉厨房各阶段管理要求，火锅底料、菜品标准的制订与管理；掌握厨房与前厅间营销协作和促销办法。

3.8　能够独立开发新产品，传授技艺，培养初、中级技术工人。

4　二级火锅调配师（技师）

4.1　能够对粮食制品进行预制加工，制作用于煮火锅或直接食用的小吃；掌握海产品如海参、鲍鱼、龙虾的加工方法与技术要求；掌握高档干制原料的种类、特征、品质的鉴别方法、涨发方法和技术要求。

4.2　掌握原料的分档、切割以及各种茸泥的制作要求。

4.3　熟悉重庆火锅常见调料、香料的名称和性质，并能灵活运用。

4.4　能够根据不同种类的火锅准确配制主料、配料，炒制底料，擅长制作清汤、奶汤等汤料；擅长菜品装盘的方法；熟练掌握味型的调制原理和调制方法，能够调配出多种风味的锅底，并调制出相应的多品种味碟。

4.5　熟知火锅菜单的设计原则和方法、火锅宴会菜单的结构设计原则和方法。

4.6　掌握火锅宴会用菜的组配；餐盘装饰的构图方法及技巧，食品雕刻及保鲜保藏方法。

4.7　能够进行厨房人事管理，掌握厨房生产成本构成控制方法，制作成本报表；熟悉厨房各阶段管理要求，火锅底料、菜品、食谱标准的制订与管理；掌握厨房与前厅间营销协作和促销办法。

4.8　能够对火锅制作过程和设备的改进有创新能力。

4.9　能够独立开发新菜品、新味型，传授技艺，培养初、中、高级技术工人。

5 一级火锅调配师（高级技师）

5.1 能够对粮食制品进行预制加工，制作用于煮火锅或直接食用的小吃；掌握海产品如海参、鲍鱼、龙虾的加工方法与技术要求；掌握高档干制原料的种类、特征、品质的鉴别方法、涨发方法和技术要求。

5.2 掌握原料的分档、切割以及各种茸泥的制作要求。

5.3 熟悉重庆火锅常见调料、香料的名称和性质，并能灵活运用。

5.4 能够根据不同种类的火锅准确配制主料、配料，炒制底料，擅长制作清汤、奶汤等汤料；擅长菜品装盘的方法；熟练掌握味型的调制原理和调制方法，能够调配出多种风味的锅底，并调制出相应的多品种味碟。

5.5 掌握火锅宴会用菜的组配、餐盘装饰的构图方法和技巧、食品雕刻和保鲜保藏方法。

5.6 熟知火锅菜单的设计原则和方法、宴会菜单的结构设计原则和方法。

5.7 掌握厨房人事管理的方法，并掌握厨房生产成本构成和控制的方法，制作成本报表；熟悉厨房各阶段管理要求，火锅底料、菜品、食谱标准的制订与管理；掌握厨房与前厅营销协作和促销办法。

5.8 能够对火锅制作过程、设备改进和味型创新有独到见解。

5.9 能够独立开发新菜品、开发火锅副产品，传授技艺；能够培养初、中、高级技师和火锅调配师。

5.10 具有撰写火锅文化、火锅理论和技能知识的能力，以便火锅技艺的传承。

附录3 培训、考核及证书发放

1 理论培训

初级不少于 24 学时。
中级不少于 24 学时。
高级不少于 24 学时。
技师不少于 24 学时。
高级技师不少于 24 学时。

2 培训教师

2.1 理论培训

具有大学本科以上学历，从事火锅调配师或相关岗位管理工作2年以上者，可担任火锅调配师理论培训教师。

2.2 技能操作培训

2.2.1 从事火锅调配师工作1年以上并通过中级营养师考核合格者，或具有1年以上本岗位工作经验的管理人员，或从事相关专业教学工作1年以上的人员，可以担任初级火锅调配师技能操作培训教师。

2.2.2 从事火锅调配师工作2年以上并通过高级火锅调配师考核合格者，或具有2年以上本岗位工作经验的管理人员，或从事相关专业教学工作2年以上的人员，可以担任中级火锅调配师技能操作培训教师。

2.2.3 从事火锅调配师工作3年以上并通过高级火锅调配师考核合格者，或具有3年以上本岗位工作经验的管理人员，或从事相关专业教学工作3年以上的人员，可以担任高级火锅调配师技能操作培训教师。

2.2.4 从事火锅调配师工作4年以上并通过技师火锅调配师考核合格者，或具有4年以上本岗位工作经验的管理人员，或从事相关专业教学工作4年以上的人员，可以担任二级火锅调配师技能操作培训教师。

2.2.5 从事火锅调配师工作5年以上并通过高级技师火锅调配师考核合格者，或具有5年以上本岗位工作经验的管理人员，或从事相关专业教学工作5年以上的人员，可以担任高级技师火锅调配师技能操作培训教师。

3 考核

3.1 笔试

初级、中级、高级、技师、高级技师火锅调配师考核须分别包括标准4.1和4.2中关于业务知识的内容。笔试实行百分制，成绩达60分及以上者为合格。考试时间为90分钟。

3.2 实际操作考核

初、中、高级火锅调配师考核须分别包括标准4.1和4.2中关于技能要求的内容。考核采取百分制，成绩达60分及以上者为合格。考试时间为60分钟。

3.3 答辩考核

技师和高级技师要进行专业方面的答辩考核，时间为 20 分钟。

4 火锅调配师证书

学员经考核合格后，即可以申请获得初级火锅调配师证书。

初级火锅调配师工作 1 年以上，全面掌握和灵活运用初级火锅调配师知识和技能，依据本标准中级火锅调配师的要求，经培训、考核合格者，可以申请获得中级火锅调配师证书，持证上岗。

中级火锅调配师工作 2 年以上，全面掌握和灵活运用初级、中级火锅调配师知识和技能，依据本标准高级火锅调配师的要求，经培训、考核合格者，可以申请获得高级火锅调配师证书，持证上岗。

高级火锅调配师工作 3 年以上，全面掌握和灵活运用初级、中级、高级火锅调配师知识和技能，依据本标准高级技师火锅调配师的要求，经培训、考核合格者，可以申请获得技师火锅调配师证书，持证上岗。

技师火锅调配师工作 3 年以上，全面掌握和灵活运用初级、中级、高级、技师火锅调配师知识和技能，依据本标准高级技师火锅调配师的要求，经培训、考核合格者，可以申请获得高级技师火锅调配师证书，持证上岗。

参考文献

［1］向跃进.餐厨管理［M］.重庆：重庆大学出版社，2014.

［2］向跃进.餐饮企业运营与管理［M］.重庆：重庆大学出版社，2015.

［3］关华，王潞.餐饮服务综合实训［M］.重庆：重庆大学出版社，2019.

［4］郭小曦.重庆火锅服务［M］.重庆：重庆大学出版社，2020.

［5］刘伟.酒店前厅管理［M］.重庆：重庆大学出版社，2018.